Eberhard Pausch

Verantwortliche Kirche

Eberhard Pausch

Verantwortliche Kirche

Theologische Aufsätze, Predigthilfen und Predigten Mit einem Geleitwort von Wilfried Härle

Fromm Verlag

Impressum/Imprint (nur für Deutschland/ only for Germany)
Bibliografische Information der Deutschen Nationalbibliothek: Die Deutsche Nationalbibliothek verzeichnet diese Publikation in der Deutschen Nationalbibliografie; detaillierte bibliografische Daten sind im Internet über http://dnb.d-nb.de abrufbar.

Coverbild: www.ingimage.com

Contact:
International Book Market Service Ltd., 17 Rue Meldrum, Beau Bassin, 1713-01 Mauritius
Website: www.bookmarketservice.com
Email: info@bookmarketservice.com

Gedruckt in: USA, UK, Deutschland. Dieses Buch wurde nicht in Mauritius produziert.

Imprint (only for USA, GB)
Bibliographic information published by the Deutsche Nationalbibliothek: The Deutsche Nationalbibliothek lists this publication in the Deutsche Nationalbibliografie; detailed bibliographic data are available in the Internet at http://dnb.d-nb.de.

Cover image: www.ingimage.com

Contact:
International Book Market Service Ltd., 17 Rue Meldrum, Beau Bassin, 1713-01 Mauritius
Website: www.bookmarketservice.com
Email: info@bookmarketservice.com

Printed in: U.S.A., U.K., Germany. This book was not produced in Mauritius.

ISBN: 978-3-8416-0141-4

Knut Thomsen gewidmet

Dem Menschen, Lehrer und Freund

Inhaltsverzeichnis

Geleitwort

„Drei und eins zugleich", das ist der Untertitel einer Predigt von Eberhard Martin Pausch zum Sonntag Trinitatis, die er 2008 gehalten hat und nun in diesem Band veröffentlicht. Die Formel „Drei und eins zugleich" passt aber nicht zur Beschreibung des dreieinigen Gottes, sondern in gewisser Hinsicht auch zu den Texten, die in diesem Band enthalten sind, ohne dass damit irgendwelche trinitätstheologischen Analogien behauptet, angedeutet oder hergestellt werden sollen.

Die Beiträge dieses vorliegenden Bandes spiegeln drei unterschiedliche Aspekte eines engagierten Theologenlebens in den 30 Jahren vom Beginn des Theologiestudiums bis zur Gegenwart, und das heißt auch: bis zur Vollendung des 50. Lebensjahres des Autors in diesem Jahr. Welche drei Aspekte sind das?

Da ist zunächst die *wissenschaftlich-theologische Ausbildung und Qualifikation* vom Universitätsstudium in Marburg, über das Vikariat in Steinbach/Taunus und Frankfurt am Main bis zum Abschluss der exzellenten Promotion über das Wahrheitsverständnis in der Theologie Rudolf Bultmanns[1]. Im Titel dieser Erstlingsarbeit taucht schon der Begriff „Verantwortung" auf, der nun auch als Adjektiv im Titel dieses Bandes wiederkehrt, und das wohlüberlegt und aus guten konzeptionellen Gründen, wie die Einleitung des vorliegenden Bandes zeigt. Vor allem aber hat Herr Pausch in dieser Lebensphase, besonders in der Arbeit an der Dissertation, das wissenschaftlich-theologische Rüstzeug, einschließlich einer großen Genauigkeit, erworben, das sich in seinen Texten widerspiegelt.

Da ist zweitens das knappe Lebensjahrzehnt, während dessen Herr Pausch in der Evangelischen Kirche in Hessen und Nassau als *Pfarrvikar und Pfarrer* tätig war. Er ist damals nicht durch die ihm weit offen stehende Türe zu einer theologischen Habilitation und damit in Richtung einer wissenschaftlichen Laufbahn gegangen, zu der er fraglos die erforderlichen Fähigkeiten mitgebracht hätte, sondern er hat bewusst den Weg in die Kirche, und zwar ins Pfarramt gewählt. Das belegen in diesem Band insbesondere die Predigten im dritten Teil, und dafür steht im Titel des Bandes auch das Wort „Kirche".

---

1 Eberhard Martin Pausch: Wahrheit zwischen Erschlossenheit und Verantwortung. Die Rezeption und Transformation der Wahrheitskonzeption Martin Heideggers in der Theologie Rudolf Bultmanns, Berlin/New York 1995.

Das gilt freilich auch für den dritten Aspekt: das *kirchenleitende Handeln*, das Herrn Pausch im zurückliegenden Jahrzehnt von 2000 bis heute in seiner Eigenschaft als Oberkirchenrat im Kirchenamt der EKD in Hannover, wo er für Fragen der öffentlichen Verantwortung der Kirche zuständig war und ist. Man könnte unter den hier veröffentlichten Beiträgen vor allem die Predigt*hilfen* diesem kirchenleitenden Handeln zuordnen, aber das wäre zu kurz gegriffen. Auch die theologischen Aufsätze im ersten Teil des Bandes sind von ihrer Thematik und ihrem Inhalt her Wahrnehmung kirchenleitender Verantwortung. Dabei spielen in mehreren Aufsätzen die Bezüge zu kirchlichen Bekenntnisäußerungen, Denkschriften und Stellungnahmen eine unübersehbare Rolle.

Aber in allen drei Aspekten dieses Bandes und dieses Lebens ist es nicht nur ganz unübersehbar der *eine Verfasser* mit seiner unverwechselbaren kirchlich-theologischen Identität, der diese Verantwortung in der Kirche und für die Kirche wahrnimmt und zwar aus einem einheitlichen, kohärenten theologischen Denken und Wollen heraus, sondern es ist auch die *eine Verantwortung* der Kirche vor Gott für die Menschen und für die Welt, um die es in diesem Band geht. Dabei wird immer wieder erkennbar, dass kirchliche Verantwortung in die Öffentlichkeit hinein, sei es in zeitgeschichtlichen, in friedensethischen, in medizinethischen oder in sexualethischen Fragen, zugleich Verantwortung nach innen, für den Bestand, für die lebendige Entwicklung und für das geistliche Leben der Kirche selbst ist.

Das verbindende Geflecht, das in diesen theologischen, kirchlichen und kirchenleitenden Texten sichtbar wird, zeigt exemplarisch, dass und wie theologische Kompetenz, die in wissenschaftlicher Ausbildung und Arbeit erworben wurde, fruchtbar gemacht werden kann für eine verantwortungsvolle und verantwortbare kirchliche und kirchenleitende Praxis. Dieses Geflecht zeigt aber umgekehrt auch, dass diese Ausrichtung auf kirchliche und kirchenleitende Praxis der theologischen Arbeit zugute kommt, weil sie diese permanent an ihre Sache und an ihre Aufgabe erinnert: an ihren Dienst zugunsten einer verantwortlichen Kirche in dieser Zeit und Welt.

Was Eberhard Martin Pausch hier an Beiträgen vorlegt, könnte man bezogen auf seine biographische Situation – mit einem ebenfalls einer EKD-Schrift entnommenen Titel – als „Zwischenbilanz“[2] bezeichnen, und zwar als eine ermutigende, hoffnungs-

---

2 Friedensethik in der Bewährung. Eine Zwischenbilanz, Hannover 2001.

volle Zwischenbilanz. Für den aus dem Amt des Vorsitzenden der Kammer für Öffentliche Verantwortung ausgeschiedenen Verfasser dieses Geleitwortes ist diese Zwischenbilanz eine willkommene Gelegenheit, den intern oft schon ausgesprochenen Dank an seinen langjährigen Geschäftsführer in dieser Kammer auch einmal öffentlich zu formulieren: Dank für eine stets zuverlässige, loyale, von hoher theologischer Kompetenz, fundierter Sachkenntnis und menschlicher Bescheidenheit geprägte Zusammenarbeit über ein ganzes Jahrzehnt hin. Das versteht sich nicht von selbst.

Heidelberg, Pfingsten 2011 *Prof. Dr. Wilfried Härle*

Einleitung

In diesem Buch sind Texte unterschiedlicher Gattungen versammelt, die aus verschiedenen Anlässen und zu unterschiedlichen Themen entstanden sind. Es handelt sich um theologische Aufsätze, Predigthilfen und Predigten. Allen Texten gemeinsam ist ihre Verortung im Umfeld meiner Tätigkeit als Referent im Kirchenamt der Evangelischen Kirche in Deutschland (EKD). Seit März 2000 bin ich dort für Fragen öffentlicher Verantwortung zuständig und führe die Geschäfte der Kammer für Öffentliche Verantwortung, des ältesten heute noch bestehenden ständigen Beratungsgremiums des Rates der EKD.

Der gewählte Buchtitel "Verantwortliche Kirche" macht die Perspektive der öffentlichen Verantwortung sichtbar, in der die Kirche existiert. Der Titel lässt aber auch die klare Option des Autors für eine evangelische Verantwortungsethik erkennen. Verantwortungsethik grenzt sich dabei nicht nur im Sinne Max Webers gegen eine bloße Gesinnungsethik ab, sondern ebenso mit Hans Jonas gegen ein ideologisches „Prinzip Hoffnung", das allein auf den Menschen als Wurzel des Geschichte setzt und die absehbaren Folgen, die Risiken und Nebenwirkungen eigener Handlungen nicht in den Blick nimmt. Verantwortliches Handeln bedeutet vielmehr, so zu handeln, dass auch künftiges Handeln immer noch möglich sein wird. Es bedeutet, besonnen, umsichtig und vorsichtig zu agieren und sich zugleich mit Leidenschaft für den Schutz des Lebens und die Würde der Menschen einzusetzen. Es bedeutet, alles in allem, sich der Verantwortung bewusst zu sein, die der einzelne Christ und die einzelne Christin, die aber auch das soziale System Kirche vor Gott, vor anderen Menschen und vor dieser Welt hat.

Der Aufsatz "Barmen: Präludium einer Theologie der Freiheit", der diesen Band wegen seines grundsätzlichen Charakters eröffnet, beruht auf einem Vortrag, den ich im Barmer Jubiläumsjahr 2009 vor meinem ehemaligen Frankfurter Pfarrkonvent (ich war von 1992 bis 2000 Gemeindepfarrer in Frankfurt am Main) halten durfte. In diesem Text verbinden sich historisch-zeitgeschichtliche mit systematisch-theologischen Interessen. Die Beschäftigung mit der Barmer Theologischen Erklärung kann in ausgezeichneter Weise deutlich machen, warum und in welcher Weise die Kirche Jesu Christi (in ihrer evangelischen Gestalt) eine "verantwortliche Kirche" ist bzw. öffentliche Verantwortung wahrnehmen muss. Kirche kann niemals bloß selbstbezüglich existieren, sie findet sich immer schon in einer gesellschaftlichen Umwelt vor, die ihr nicht gleichgültig sein kann.

Die Friedensverantwortung ist ein Kernbereich öffentlicher Verantwortung. Daher bildete die Begleitung der kirchlichen Friedensarbeit von Anfang an einen Schwerpunkt meiner Arbeit in der EKD. Dies galt natürlich während der "Dekade zur Überwindung von Gewalt" (2001-2010), deren Schlusspunkt im Mai 2011 mit der großen Internationalen Ökumenischen Friedenskonvokation auf Jamaika gesetzt wurde, und es galt mehr denn je nach dem 11. September 2001 und der Herausforderung durch den modernen internationalen Terrorismus. Die Aufsätze "Gewalt oder Gewaltverzicht?" und "Mut machen und Sehnsucht wecken" belegen dies ebenso wie die beiden Predigthilfen, die ihren Sitz im Leben in der Vorbereitung von Gottesdiensten zur Friedensthematik haben. Die Querbezüge dieser Texte zu der im Jahr 2007 veröffentlichen Friedensdenkschrift des Rates der EKD ("Aus Gottes Frieden leben – für gerechten Frieden sorgen") sind keineswegs zufälliger Natur. Ich bin ein bekennender Anhänger der immer noch im Werden und Wachsen begriffenen Lehre vom gerechten Frieden. Trotz meiner persönlichen Sympathie für den christlich begründeten Pazifismus bin ich kein Pazifist. Allerdings stehe ich gerade aus verantwortungsethischer Perspektive dem Pazifismus näher als Positionen, die bestimmte Kriege für gut, gerecht oder gar "heilig" erklären. Um es klar zu sagen: Ich halte den Bellizismus und die Lehre vom Heiligen Krieg für friedensethische Häresien und die klassische Lehre vom gerechten Krieg für hoch problematisch.

"Wenn Menschen sterben wollen" ist der Name eines von der Kammer für Öffentliche Verantwortung erarbeiteten EKD-Textes aus dem Jahr 2008. Der in diesem Text umrissenen medizinethischen Thematik und der Profilierung und Stützung der im Text der Kammer enthaltenen Argumentation gilt der gleichnamige Aufsatz. Denn die Verantwortung, die Menschen füreinander tragen und die auch die Kirche wahrzunehmen hat, erstreckt sich auf das Leben in seiner Ganzheit und somit auch auf seine natürlichen Grenzen, also auf seinen Anfang und sein Ende.

"'Du bist für Deine Rose verantwortlich!' Was die EKD zu den Themen Liebe, Ehe, Partnerschaft sagt" skizziert die Bedeutung von Verantwortungsethik für den Bereich familiären und intimen menschlichen Zusammenlebens. Es entspricht meines Erachtens dem Geist evangelischer Freiheit sehr genau, in diesem Feld nicht alles starr normieren oder regeln zu wollen, sondern Spielräume zu eröffnen, in denen verantwortliches Leben sich entfalten kann.

Bewusst habe ich den fünf eher theoretisch-sozialethischen Aufsätzen zwei Predigthilfen und drei von mir gehaltene Predigten zur Seite gestellt. Damit möchte ich dokumentieren, dass ich theologisches Arbeiten letztlich als einen Dienst an der Praxis, und zwar der kirchlichen Praxis verstehe. In ihr kommt dem Gottesdienst und der Predigt nach meiner Auffassung aber immer noch eine wesentliche Rolle zu. Zwei der drei Predigten dieses Bandes wurden im Kirchenamt der EKD in Hannover im Rahmen der dort üblichen Wochenandachten gehalten. Die dritte hielt ich in der Auferstehungskirche in Hannover-Döhren. Sie wurde im Jahr 2009 als "Kleines Kunstwerk auf der Kanzel" mit der "Bronzenen Taube" des Predigtpreises der Deutschen Wirtschaft AG ausgezeichnet.

Gewidmet ist dieses Buch Studiendirektor a. D. Knut Thomsen, der mir am Liebiggymnasium in Frankfurt am Main ein herausragender Lehrer war und im Laufe der Jahrzehnte zum Freund wurde. Sein pädagogisches Konzept der "wechselseitigen Erhellung der Künste" hat mir als Schüler Lust und Freude an der wissenschaftlichen Arbeit gemacht. Zugleich möchte ich mit meiner Widmung auch die Schule ehren, die mir von 1971 bis 1980 neun Jahre lang Heimat war und der ich zahlreiche bleibende Prägungen verdanke.

Schließlich liegt mir noch daran, an dieser Stelle meiner langjährigen Kollegin im Kirchenamt der EKD, Frau Oberkirchenrätin Dr. Renate Knüppel, für ihre wertvolle Hilfe bei der Formatierung meines Buchmanuskripts zu danken.

Hannover, 30. Juni 2011 *Dr. Eberhard Martin Pausch*

I. Theologische Aufsätze

Barmen: Präludium einer Theologie der Freiheit. Zur bleibenden Aktualität der Barmer Theologischen Erklärung[3]

Die Barmer Theologische Erklärung (BTE) ist längst ein Stück Zeitgeschichte, nicht nur kirchlicher Zeitgeschichte, geworden. Es ist kein Zufall, dass auch die Bundeskanzlerin der Bundesrepublik Deutschland "Barmen" im Vorfeld des 75-jährigen Jubiläums in überzeugender Weise gewürdigt hat.[4]

Für die Evangelische Kirche in Deutschland (EKD) hat die BTE große Bedeutung. In ihrer Grundordnung findet sich in Artikel 1 (Ziffer 3) ein ausführlicher und gehaltvoller Passus zur BTE:

„(3) Mit ihren Gliedkirchen bejaht die Evangelische Kirche in Deutschland die von der ersten Bekenntnissynode in Barmen getroffenen Entscheidungen. Sie weiß sich verpflichtet, als bekennende Kirche die Erkenntnisse des Kirchenkampfes über Wesen, Auftrag und Ordnung der Kirche zur Auswirkung zu bringen. Sie ruft die Gliedkirchen zum Hören auf das Zeugnis der Brüder und Schwestern. Sie hilft ihnen, wo es gefordert wird, zur gemeinsamen Abwehr kirchenzerstörender Irrlehre."

Bejahung der in Barmen getroffenen Entscheidungen; Verpflichtung, als bekennende Kirche Erkenntnisse des Kirchenkampfs zur Auswirkung zu bringen; Hilfe bei der Abwehr destruktiver Irrlehren: Das sind sicherlich wichtige Markierungen.

In den meisten der 22 Gliedkirchen der EKD wird die BTE in den Kirchenordnungen explizit erwähnt. In dem von Martin Heimbucher und Rudolf Weth herausgegebenen Band „Die Barmer Theologische Erklärung" werden drei mögliche Weisen unterschieden, wie die BTE sich auf die jeweilige Kirchenverfassung einer Kirche bezie-

---

3 Dem Aufsatz liegt ein Vortrag zugrunde, der anlässlich des Barmen-Jubiläums vor dem Pfarrkonvent des Dekanats Frankfurt-Nord am 27. Mai 2009 gehalten wurde.

4 Vgl. epd-Wochenspiegel 19/2009, 8.

hen kann.[5] Denn, mal wird sie als ein Bekenntnis eingestuft – etwa in der Evangelisch-reformierten Kirche. Sie kann aber auch als bloßes Beispiel und Anstoß für gegenwärtiges Bezeugen des Evangeliums verstanden werden; hierfür mag die Oldenburgische Kirche als Exempel dienen. Sie kann schließlich als weiterhin verbindliche Bezeugung des Evangeliums gelten – diesen Typus repräsentiert beispielsweise die Evangelische Kirche in Hessen und Nassau (EKHN).

Im Grundartikel der Grundordnung der EKHN zum Beispiel wird die BTE explizit genannt und spielt insofern bei jeder Ordination eine Rolle; vgl. KO 1 der EKHN, Artikel 14, Ziffer 3. Im Grundartikel heißt es: „Als Kirche Jesu Christi hat sie [die EKHN] ihr Bekenntnis jederzeit in gehorsamer Prüfung an der Heiligen Schrift und im Hören auf die Schwestern und Brüder neu zu bezeugen. In diesem Sinne bekennt [!] sie sich zu der Theologischen Erklärung von Barmen."

Das ist übrigens eine interessante Formulierung. Die EKHN sagt nämlich nicht, die BTE sei ein Bekenntnis, sondern sie bekennt sich als Kirche zu dieser Erklärung, die möglicherweise ein Bekenntnis ist. Ein Bekenntnis also zu einem potenziellen Bekenntnis. A little bit tricky, of course.

Auf dem Gebiet der heutigen EKHN, nämlich in Frankfurt am Main, wurde übrigens die wichtigste Vorfassung der Theologischen Erklärung von Barmen erarbeitet, die so genannte „Frankfurter Konkordie" (am 15./16. Mai 1934 im Hotel „Basler Hof"). Hier tagten Karl Barth, Hans Asmussen und Thomas Breit, und während des Mittagsschlafs der beiden Lutheraner erstellte der Reformierte, Karl Barth, so erzählt es jedenfalls die weit verbreitete Legende, den ersten Textentwurf.[6]

Diese Vorbemerkungen sollten zeigen: Barmen hat einiges mit der Identität der evangelischen Kirche in Deutschland und auch etwas mit der Geschichte der EKHN zu tun. Worin aber besteht für uns die aktuelle Bedeutung der BTE? Sicher, sie ist ein Stück Zeitgeschichte, sie hat eine bekenntnismäßige und eine kirchenrechtliche Dimension. Aber worin besteht ihre Gegenwartsbedeutung? Hierzu möchte ich in

---

5 Martin Heimbucher/Rudolf Weth (Hg.): Die Barmer Theologische Erklärung: Einführung und Dokumentation, Mit einem Geleitwort von Wolfgang Huber, 7., überarb. u. erw. Auflage Neukirchen 2009 (1. Aufl. 1983), dort 83-87.

6 Martin Heimbucher/Rudolf Weth (Hg.), a.a.O., 24. Mit der Legende räumte gründlich Karl Barths Sohn Christoph auf. Vgl. Christoph Barth: Bekenntnis im Werden: Neue Quellen zur Entstehung der Barmer Erklärung, Neukirchen 1979.

drei Schritten einige Gedanken und Vermutungen präsentieren. Zunächst einige generelle Bemerkungen zur Bedeutung der BTE (A.), sodann ein kursorischer Durchgang durch die einzelnen Thesen (B.), zuletzt ein paar abschließende Überlegungen (C.).

A. Generelle Bemerkungen zur Bedeutung der Barmer Theologischen Erklärung (BTE)

1. Die BTE belegt, dass **aktuelles Bekennen in der christlichen Kirche** immer wieder neu möglich ist und wirklich werden kann. Ich selbst kann Barmen durchaus als Bekenntnis verstehen; aber das ist bekanntlich umstritten. Während die Reformierten die BTE in aller Regel als Bekenntnis sehen, herrscht vor allem im Lager der Lutheraner eine andere Auffassung vor, weil sie den Kanon der Bekenntnisschriften der Sache nach als geschlossen betrachten. Vermittelnde Positionen finden sich im Grundartikel der EKHN sowie in der Grundordnung der EKD (siehe oben). Zwar zeugen beide Formulierungen von einer gewissen Nähe zu einer solchen Bewertung, lassen die Frage aber letztlich doch offen.

   Sicherlich ist die BTE nicht in dem gleichen umfassenden und kirchenbegründenden Sinn Bekenntnis wie die Confessio Augustana oder der Heidelberger Katechismus. Denn im Wesentlichen äußert sie sich nur zu christologischen und ekklesiologischen Fragen. Die meisten Themen klassischer Dogmatik (Gotteslehre, Schöpfungslehre, Anthropologie, Soteriologie, Eschatologie usw.) bleiben somit ausgeklammert. Ob nun aber Bekenntnis im strikten Sinne oder nicht – ohne Zweifel ist die BTE ein wirkungsmächtiger kirchlicher Bekenntnisakt. Solche Akte braucht es zu allen Zeiten in der Kirche. Die einfache Wiederholung alter Formeln reicht eben nicht aus, um Glauben zu schaffen und im Glauben zu bewahren. Denn das gesellschaftliche und das religiöse Leben entwickeln sich immer weiter, und der Glaube muss sprachlich und gedanklich immer auf der Höhe der jeweiligen Zeit zum Ausdruck gebracht werden.

2. Die BTE belegt, dass ein **gemeinsames Bekennen und Handeln von Lutheranern, Unierten und Reformierten** möglich ist. Erstmals seit der Reformationszeit kam es 1934 zu einem gemeinsamen Bekennen der innerevangelischen Konfes-

sionen. „So führt der Weg von ‚Barmen' nach ‚Leuenberg' ..." und von da aus in die Weite der Ökumene.[7]

Für die EKHN als klassisch unierte Landeskirche wirkt dieser Aspekt sicherlich nicht so bedeutsam wie im Blick auf die EKD im Ganzen oder gar die evangelische Konfessionsfamilie im europäischen oder weltweiten Kontext. Schon im Kirchenamt der EKD, wo wir seit Beginn des Jahres 2007 das so genannte „Verbindungsmodell" – seit 2009 auch sichtbar bei den Synodentagungen – einüben, stoßen wir in der Praxis immer wieder auf unsichtbare Mauern zwischen den konfessionellen Lagern und Bünden. Bis das Verbindungsmodell sich etablieren wird als eine Form der Verknüpfung, die weniger ist als eine Fusion, aber doch deutlich mehr als eine bloße Addition, wird es wohl noch einige Zeit dauern – so meine Prognose. Akte des Bekennens und gemeinsame theologische Reflexionen können aber dazu dienen, die Verbindung im gewünschten Sinne zu stärken. Die gemeinsame Veröffentlichung einer Broschüre zum 75. Jubiläum der BTE durch EKD, UEK und VELKD ist in diesem Sinne ein Hoffnungszeichen und ein Schritt auf dem richtigen Wege.[8] Barmen, so zeigt sich, verbindet auch heute noch – im besten Sinne des Wortes!

3. Die BTE dokumentiert **eine geniale theologische Vereinfachung**. Sie konzentriert Glaubensgehalte auf ein Minimum des Wesentlichen, des Überlebensnotwendigen, und sie tut dies in bestechend klarer und schöner Sprache.[9] Man kann hier dem großen Sprachmeister Karl Barth gar nicht dankbar genug sein. Schon der solenne Auftakt schlägt einen in den Bann: **„Jesus Christus, wie er uns in der Heiligen Schrift bezeugt wird, ist das eine Wort Gottes, das wir zu hören, dem wir im Leben und im Sterben zu vertrauen und zu gehorchen haben."**

   Ein großartiger Satz! Hier wird die Grundlage des christlichen Glaubens klar und wahr auf den Punkt gebracht. Der Grund des Glaubens ist Jesus Christus, nach dem wir uns Christen nennen. Er wird von der Heiligen Schrift bezeugt, sie ist al-

---

[7] Heimbucher / Weth, a.a.O., 117; zur ökumenischen Bedeutung von Barmen vgl. den ganzen Abschnitt, ebd., 94-117.

[8] 75 Jahre Barmer Theologische Erklärung: Eine Arbeitshilfe zum 31. Mai 2009, herausgegeben vom Kirchenamt der EKD, dem Amt der UEK und dem Amt der VELKD, Hannover 2009.

[9] Robert Leicht nannte die BTE in „Chrismon" etwa „... ein kristallklares Musterstück theologischer Eindeutigkeit" (http://www.chrismon.de/4141.php).

so das wegweisende Ursprungsdokument unseres Glaubens. Diese Offenbarungsquelle, dieses „Wort Gottes", wie Karl Barth den Duktus des Dokuments vorgegeben hat, haben wir zu hören. Ihr haben wir zu vertrauen und zu gehorchen. Und es geht um nichts Geringeres als um Leben und Sterben dabei. (Hier klingt die erste Frage des Heidelberger Katechismus an: „Was ist dein einziger Trost im Leben und im Sterben?") Es geht hier also ums Ganze.

Dieser großartige Satz ist freilich auch steil. Beste Barthsche Offenbarungstheologie – die Summe der Barthschen Theologie, so schreibt Heinz Zahrnt.[10] Aber wahrscheinlich ist nicht jeder und jede von uns Parteigänger eines solchen offenbarungstheologischen Ansatzes. Auch ich selbst kann mich dem nicht anschließen.

Und schaut man auf den anschließenden Verwerfungssatz, kann man sich durchaus fragen, ob es wirklich keine anderen „Ereignisse und Mächte, Gestalten und Wahrheiten" gibt, die von Christenmenschen als Gottes Offenbarung erlebt und somit als Quelle ihrer Verkündigung betrachtet werden können. Vom zeitgeschichtlichen Hintergrund her ist allerdings klar: Man musste sich gegen die Theologie der Deutschen Christen (DC) abgrenzen, die behaupteten, in der Person Adolf Hitlers sei Jesus Christus in Erscheinung getreten, und das Ereignis der Machtergreifung im Jahr 1933 sei als Gottesoffenbarung zu verstehen. Es stockt einem schon der Atem, wenn man Sätze der DC liest wie: *„In Hitler ist die Zeit erfüllt für das deutsche Volk. Denn durch Hitler ist Christus, Gott der Helfer und Erlöser, unter uns mächtig geworden."* Oder: *„Wir bekennen, dass der einzige wirkliche Gottesdienst für uns der Dienst an unseren Volksgenossen ist ..."*.[11] Vor dem Hintergrund der Abwehr solch verheerender Irrlehren der DC ist somit die Steilheit von BTE I verständlich.

Aber kommen wir zum Glauben an den christlichen Gott wirklich nur durch Jesus Christus? Gibt es keine anderen Offenbarungsorte und Verkündigungsquellen? Wie steht es aber mit dem gestirnten Himmel über uns und dem moralischen Gesetz in uns (im Anschluss an Immanuel Kant)? Wie ist es mit Liedern und Musikstücken – von Bach bis Barclay James Harvest – oder mit Bildern und Kunstwer-

10 Heinz Zahrnt: Die Sache mit Gott, München 1966, 84.

11 Zitiert nach Heimbucher / Weth, a.a.O., 13, 37.

ken – etwa Caspar David Friedrich, Marc Chagall oder Ernst Barlach? Darf man als Protestant in der Reformation oder in der Person Martin Luthers nicht ein Stück Offenbarung in der Geschichte sehen, also ein historisches Ereignis, in dem Gott uns nahe gekommen ist? Oder soll dies alles gar nicht ausgeschlossen sein, sofern es nur der Christusoffenbarung nicht widerspricht? An dieser Stelle sind theologische Klärungen notwendig, die über Barmen selbst hinausgehen (müssen).[12]

Konzentration auf das Wesentliche, also Komplexitätsreduktion, wird immer dann nötig, sagt die Systemtheorie, wenn die Umwelt eines Systems überkomplex geworden ist. Die Umwelt des Systems „evangelische Kirche“ war 1933 aber nicht nur überkomplex, sie war zugleich höchst bedrohlich geworden. Es ging in der Auseinandersetzung mit dem Nationalsozialismus und den DC um die Wahrheit des Evangeliums, um Sein oder Nichtsein der Kirche sowie das konkrete Leben und Sterben vieler Einzelner. Die BTE schafft Klarheit durch Beschränkung auf das Wesentliche. Sie redet in ihren sechs Thesen nur von zwei Gegenständen, die zudem ganz eng aufeinander bezogen sind: Sie redet von Jesus Christus, dem Herrn der Kirche und der ganzen Welt (von ihm vor allem in den Thesen 1 und 2), und sie redet von der Kirche Jesu Christi (von ihr vor allem in den Thesen 3-6), von ihren Aufgaben, von ihrer Gestalt, von ihrer Umwelt und schließlich – von ihrer Freiheit. Barmen ist in gewisser Weise das Präludium einer Theologie der Freiheit.

B. Ein kursorischer Durchgang durch die sechs Thesen der BTE

Im folgenden Durchgang durch die sechs Thesen der BTE wird – ohne Anspruch auf Vollständigkeit – auf einige theologische Aspekte aufmerksam gemacht, die als Stär-

---

[12] Liest man den Vortrag von Hans Asmussen, der zusammen mit den sechs Thesen beschlossen wurde, dann kann man sich schon fragen, welche Erscheinung Asmussen meint, die seit 200 Jahren (!) die „Verwüstung der Kirche“ (!) vorbereitet haben könnte. Dies kann schon rein vom Datum her nicht der Nationalsozialismus gewesen sein. Asmussen denkt offenbar an die Ideen der Aufklärung und der Französischen Revolution. Denker wie Edgar Jung (1894-1934), der im Ministerium Franz von Papens Exponent eines konservativen Widerstands gegen das NS-Regime war, lagen im Grunde auf der gleichen Linie. Vgl. hierzu etwa Günther van Norden: "Keinen anderen Namen: Zur Barmer Erklärung kam es, obwohl viele Protagonisten weltanschaulich rechts standen", in: Zeitzeichen, Mai 2004, 26-29.

ken oder als Schwächen, als Chancen oder als Probleme dieses Textes betrachtet werden können und die für die Beurteilung der aktuellen Relevanz der BTE möglicherweise von Bedeutung sind.

„BTE ***I.*** *Jesus Christus, wie er uns in der Heiligen Schrift bezeugt wird, ist das eine Wort Gottes, das wir zu hören, dem wir im Leben und im Sterben zu vertrauen und zu gehorchen haben.*
Wir verwerfen die falsche Lehre, als könne und müsse die Kirche als Quelle ihrer Verkündigung außer und neben diesem einen Worte Gottes auch noch andere Ereignisse und Mächte, Gestalten und Wahrheiten als Gottes Offenbarung anerkennen.“

Schaut man sich aber den ersten, grundlegenden, konstruktiven Satz an, dann scheint mir daran vor allem zweierlei bedeutsam.

Erstens: Die BTE macht in ihrer ersten, für alle folgenden Thesen grundlegenden Thesen deutlich, dass **der christliche Glaube sich nicht auf ein Prinzip, eine Idee oder ein Buch gründet, sondern wesentlich auf eine Person: auf Jesus Christus, das „eine Wort Gottes“**. Das kann den Glauben vielleicht vor blinder Buchstabengläubigkeit und vor fundamentalistischer Verflachung bewahren. Christen glauben eben nicht an die Irrtumslosigkeit der Heiligen Schrift wie Muslime an die Irrtumslosigkeit des Korans.[13] Sie glauben vielmehr, dass die Bibel zwar das entscheidende Ursprungsdokument des Glaubens, dass sie aber selbst nur in abgeleiteter Weise „Gottes Wort“ ist. Man erinnere sich exemplarisch an Karl Barths Lehre vom Wort Gottes in seiner dreifachen Gestalt (als Jesus Christus, als Heilige Schrift und als Wort der Verkündigung). Dabei gilt (ob man von einer zweifachen, dreifachen oder mehr als dreifachen Gestalt des Wortes Gottes ausgeht), dass Jesus Christus die grundlegende und für die anderen – höchst irdischen und zerbrechlichen Gestalten – maßgebliche Gestalt des Wortes Gottes darstellt.

Zweitens: Die BTE macht deutlich, dass der christliche Glaube sich auf eine genau bestimmte Person gründet, nämlich auf Jesus Christus. **Wenn der Glaube sich aber auf Christus gründet, dann beruht er nicht auf Moses, nicht auf Mohammed, nicht auf Maria** (und erst recht nicht auf anderen Personen). Das eigentümliche We-

[13] Ich folge hierin weder Matthias Flacius Illyricus (1520-1575) noch entsprechenden Ansichten im Raum des Pietismus oder der evangelikalen Bewegung.

sen des christlichen Glaubens schließt nach Barmen jedenfalls aus, dass diese (oder andere) Personen den gleichen Rang und die gleiche Bedeutung für die Konstitution des christlichen Glaubens haben könnten wie Christus, wobei Christus hier verstanden wird als der eine Gott selbst, der sich in der Person des irdischen Jesus in größtmöglicher Klarheit und Deutlichkeit zu erkennen gegeben hat. Für praktisches kirchliches Handeln folgt daraus der Primat für die Bildungsaufgabe – Bildung verstanden im Sinne von Eilert Herms und Reiner Preul als Herzensbildung, also als umfassende Orientierung der christlichen Existenz am Bild Jesu Christi. Der erste Kirchenpräsident der EKHN, Martin Niemöller, hat dies in die einfache und einprägsame, aber keineswegs triviale Formel gefasst: „Was würde Jesus dazu sagen?".

*„BTE **II**. Wie Jesus Christus Gottes Zuspruch der Vergebung aller unserer Sünden ist, so und mit gleichem Ernst ist er auch Gottes kräftiger Anspruch auf unser ganzes Leben; durch ihn widerfährt uns frohe Befreiung aus den gottlosen Bindungen dieser Welt zu freiem, dankbarem Dienst an seinen Geschöpfen.*
Wir verwerfen die falsche Lehre, als gebe es Bereiche unseres Lebens, in denen wir nicht Jesus Christus, sondern anderen Herren zu Eigen wären, Bereiche, in denen wir nicht der Rechtfertigung und Heiligung durch ihn bedürften."

Hier ist zu beachten: Aus der konkurrenzlosen Orientierungsfunktion Jesu Christi folgt dessen „Zuspruch und Anspruch auf unser ganzes Leben". Und es gibt daher keine „Bereiche des Lebens, in denen wir nicht Jesus Christus, sondern anderen Herren zu Eigen wären ...". Aus reformierter Sicht mag hier die Lehre von der „Königsherrschaft Christi"[14] aufleuchten, im lutherischen Sinne steht die recht verstandene „Zwei-Reiche-Lehre" oder besser „Zwei-Regimenten-Lehre" im Hintergrund. Über die Spannung beider Konzeptionen wurde viele Jahre lang eine recht unklare Gespensterdebatte geführt. Heute kann man wohl – und ich folge dabei dem Artikel

[14] Reinform für das Denken des Absolutismus im 17./18. Jahrhundert. Man denke an das Lied von Philipp Friedrich Hiller (EG 123) aus dem Jahr 1757: „Jesus Christus herrscht als König, alles wird ihm untertänig, alles legt ihm Gott zu Fuß. Aller Zunge soll bekennen, Jesus sei der Herr zu nennen, dem man Ehre geben muss." Heutzutage begegnen uns Könige vorwiegend in Märchen – oder aber in exotischen Staaten oder konstitutionellen bzw. repräsentativen Monarchien, wo die eigentliche Lenkung des Staates jedenfalls an anderer Stelle geschieht. M.a.W.: Könige sind heute meistens fiktive oder machtlose Gestalten. Schon aus diesem Grunde empfiehlt es sich m. E. nicht, diese theologische Metaphorik weiter zu pflegen.

zur „Zwei-Reiche-Lehre“, den Wilfried Härle für die TRE[15] verfasst hat – cum grano salis sagen: Zwischen der Zwei-Regimentenlehre im eigentlichen Sinne und der Lehre von der Königsherrschaft Christi gibt es keinen wirklichen, also keinen kontradiktorischen Widerspruch. In beiden Lehren kommt es nämlich darauf an, zu betonen, dass Gott selbst und alleine der Herr der ganzen Welt ist und keine Bereiche seiner Herrschaft entzogen sind. Es gibt somit keine „Eigengesetzlichkeit gegenüber Gottes Willen“; sehr wohl aber eine Eigengesetzlichkeit der weltlichen Regierweise Gottes gegenüber der geistlichen Regierweise Gottes.

Das ist nicht nur sehr tröstlich im Blick auf die faktischen, also jeweils regierenden Herrscher dieser Welt. Es bezieht sich ferner – auch das ist wichtig – nicht nur auf die politische Dimension, sondern beispielsweise auch auf die ökonomische Dimension bzw. das ökonomische Subsystem der Gesellschaft.

Die Erwähnung eines freien, dankbaren Dienstes an Gottes Geschöpfen ist übrigens ebenfalls beachtlich. „Dienst“ meint ja nicht nur den Gottesdienst, diakonische Dienste oder aber etwa christlich motivierte Freiwilligendienste. Und unter "Geschöpfen" ist die Menge aller Geschöpfe Gottes zu verstehen, also keineswegs nur Menschen. Man kann deshalb auch an Aufgaben wie den Klimaschutz denken, also an die Bewahrung der Schöpfung im weitesten Sinne des Wortes. **BTE II lässt sich auch ökologisch lesen.** Ich behaupte nicht, dass die Verfasser der Erklärung oder die in Barmen versammelten Synodalen dies so gesehen hätten. Der Text selbst aber lässt eine solche Deutung zweifellos zu.

Schließlich ist auch an die berühmte Interpretation von Ernst Wolf zu erinnern, der in seinem erstmals 1957 veröffentlichten Klassiker „Barmen – Kirche zwischen Versuchung und Gnade“ meinte, die zweite Barmer These widerspreche grundsätzlich einer programmatischen Privatisierung des Christseins.[16] So sieht das auch Eilert Herms, wenn er schreibt: „Gegen diese Privatisierungstendenz hat die Theologische Erklärung von Barmen ihren Protest gerichtet, der heute so wahr und aktuell ist wie damals.“[17] Christsein ist somit niemals nur Privatsache, sondern immer eine öffentli-

---

[15] Wilfried Härle: Art. „Zweireichelehre II. Systematisch-theologisch“, in: TRE Bd. XXXVI, 784-790.

[16] Ernst Wolf: „Barmen – Kirche zwischen Versuchung und Gnade“, München 3. Aufl. 1984, 113-123.

[17] Eilert Herms: Kirche für die Welt: Lage und Aufgabe der evangelischen Kirchen im vereinigten Deutschland, Tübingen 1995, 108.

che Angelegenheit. Christen drehen sich nämlich nicht um sich selbst, sondern sie orientieren sich stets nach außen und sind bereit, Dienst für andere zu tun und Verantwortung für ein umfassendes Ganzes zu tragen. So kann der Eindruck entstehen, sie würden sich „einmischen", wenn und weil sie öffentliche Verantwortung wahrnehmen.

*„BTE **III.** Die christliche Kirche ist die Gemeinde von Brüdern [ergänze: und Schwestern, d. Vf.], in der Jesus Christus in Wort und Sakrament durch den Heiligen Geist als der Herr gegenwärtig handelt. Sie hat mit ihrem Glauben wie mit ihrem Gehorsam, mit ihrer Botschaft wie mit ihrer Ordnung mitten in der Welt der Sünde als die Kirche der begnadigten Sünder zu bezeugen, dass sie allein sein Eigentum ist, allein von seinem Trost und von seiner Weisung in Erwartung seiner Erscheinung lebt und leben möchte.*

Wir verwerfen die falsche Lehre, als dürfe die Kirche die Gestalt ihrer Botschaft und ihrer Ordnung ihrem Belieben oder dem Wechsel der jeweils herrschenden weltanschaulichen und politischen Überzeugungen überlassen."

Im damaligen historischen Zusammenhang ging es um die Frage, inwieweit in der Kirche das Führer-Prinzip, also hierarchische, zentralistische und autoritäre Strukturen eingeführt werden durften. Der „Reichsbischof" Ludwig Müller, der als Resultat der am 23. Juli 1933 mit großem Abstand von den DC gewonnenen Kirchenwahlen innerkirchlich an die Macht gekommen war, sollte Grenzen aufgezeigt bekommen. Heute noch bedeutsam ist die in Barmen gewonnene Einsicht, dass die Frage der „Ordnung" im Blick auf Kirche, also die Frage der Kirchenordnung, mit gebührender Aufmerksamkeit bedacht werden sollte. Damit wird eine Präzisierung gegenüber dem strikt auftrags- bzw. aufgabenbezogenen (und in diesem Sinne funktionalen) Kirchenbegriff von CA VII gewonnen. **Auch der Aspekt der Kirchenordnung ist von Belang, nicht nur der Aspekt der Botschaft. Semiotisch gesprochen geht es im Leben der Kirche nicht nur um die Semantik, sondern immer auch um die Pragmatik.** Überall, wo heute über die Fragen des Aufbaus, der Strukturen und der faktischen Gestaltung von Kirche gesprochen wird, kann man sich auf Barmen III berufen. Denn diese Fragen haben große ekklesiale und deshalb auch ekklesiologische Relevanz.

Wenn also heute im Rahmen kirchlicher Reformdiskussionen um die Ordnung der Kirche gestritten wird, dann muss man von Barmen her sagen: Das ist notwendig.

Man wird aber dabei weder einem übereilten, hektischen Reformeifer das Wort reden dürfen noch der bloßen Fortschreibung des Bestehenden. Beides könnte falsch sein. Und richtig ist auf jeden Fall: zu prüfen, was gut und erhaltenswert ist und was ggf. geändert werden sollte. [„Prüfet aber alles, und das Gute behaltet!" 1. Thessalonicher 5,21]

*„BTE **IV.** Die verschiedenen Ämter in der Kirche begründen keine Herrschaft der einen über die anderen, sondern die Ausübung des der ganzen Gemeinde anvertrauten und befohlenen Dienstes.*
Wir verwerfen die falsche Lehre, als könne und dürfe sich die Kirche abseits von diesem Dienst besondere, mit Herrschaftsbefugnissen ausgestattete Führer geben und geben lassen."

Auch die Brisanz der Ämterfrage wird aus dem historischen Kontext heraus verständlich, wie schon der im Verwerfungssatz eingeführte Begriff „Führer" deutlich macht. Aber die Ämterfrage hat gleichwohl Bedeutung über diesen Kontext hinaus. Dazu ein aktuelles Beispiel: Wenn heute in der EKHN heftig über die mögliche Einführung des Bischofstitels als Ersatz für den Titel „Kirchenpräsident" debattiert wird, so wird gelegentlich in der Argumentation auf Barmen IV Bezug genommen.[18] Ob zu Recht oder zu Unrecht, sei dahingestellt. Denn ganz sicher wird man die Argumentation nicht 1:1 von damals auf heute übertragen können. Aber die Sorge vor einer unkontrollierbaren und lieblosen Machtausübung innerhalb der Kirche ist in der Debatte mit Händen zu greifen. **Kirchenleitung soll ja dem Kirchenganzen *dienen*, sie soll *im Geist der Liebe* und daher behutsam und menschenfreundlich geschehen – was vernunftgemäße Machtausübung gerade nicht aus-, sondern einschließt.** Diktatorisches oder dezisionistisches Leiten einer Kirche wäre dagegen niemals im Sinne Jesu.

*„BTE **V.** Die Schrift sagt uns, dass der Staat nach göttlicher Anordnung die Aufgabe hat, in der noch nicht erlösten Welt, in der auch die Kirche steht, nach dem Maß menschlicher Einsicht und menschlichen Vermögens unter Androhung und Ausübung von Gewalt für Recht und Frieden zu sorgen. Die Kirche erkennt in Dank und*

[18] Etwa von der früheren Frankfurt Pröpstin Helga Trösken in ihrer zusammen mit anderen ehemaligen Mitgliedern des LGA veröffentlichten „Erklärung zur geplanten Abschaffung des Leitenden Geistlichen Amtes (LGA) in der EKHN", in: Hessisches Pfarrblatt 5/2008, 143-145, dort 144.

Ehrfurcht gegen Gott die Wohltat dieser seiner Anordnung an. Sie erinnert an Gottes Reich, an Gottes Gebot und Gerechtigkeit und damit an die Verantwortung der Regierenden und Regierten. Sie vertraut und gehorcht der Kraft des Wortes, durch das Gott alle Dinge trägt.
Wir verwerfen die falsche Lehre, als solle und könne der Staat über seinen besonderen Auftrag hinaus die einzige und totale Ordnung menschlichen Lebens werden und also auch die Bestimmung der Kirche erfüllen. Wir verwerfen die falsche Lehre, als solle und könne sich die Kirche über ihren besonderen Auftrag hinaus staatliche Art, staatliche Aufgaben und staatliche Würde aneignen und damit selbst zu einem Organ des Staates werden."

Zu dieser These drei kurze Bemerkungen: Erstens wird hier zu Recht als grundlegende **Aufgabe des Staates** festgehalten, **für „Recht und Frieden zu sorgen"**. Das ist seit der Reformationszeit – spätestens seit Luthers Schrift „Von weltlicher Obrigkeit" (1523) – ein wichtiger Ausgangspunkt evangelischer Friedensethik. Der Zusammenklang von Frieden, Recht und Gerechtigkeit führt mit Notwendigkeit hin zu einer Lehre vom „gerechten Frieden" im Sinne der jüngsten friedensethischen Äußerungen der EKD.[19]

Zweitens wird ganz im Sinne der klassischen „Zwei-Regimenten-Lehre" zwischen Reich der Welt und Reich Gottes, zwischen Staat und Kirche unterschieden. Weder darf der Staat anstreben, die „totale" Ordnung menschlichen Lebens zu werden (das Adjektiv „total" konnotierte auch 1934 schon Kritik an totalitären Staatssystemen) noch darf die Kirche zu einem Organ des Staates werden wollen. **Staat und Kirche dürfen weder vermischt noch getrennt werden. Sie müssen vielmehr klar voneinander unterschieden und zugleich sachgemäß aufeinander bezogen werden.**

Drittens – hier komme ich noch einmal auf eine Grenze der BTE zu sprechen – kann sich in der Gegenwart die öffentliche Verantwortung der Kirche nicht mehr wie noch 1934 auf das Gegenüber zum Staat, also zum politischen Subsystem beschränken. **Ein bloßer Dual von Staat und Kirche ist heute unzureichend**. Es muss mindestens auch die Wirtschaft, also das ökonomische Subsystem der Gesellschaft, mit in den Blick kommen, darüber hinaus die Wissenschaft, aber auch die Medien, der gesamte Bereich der Kultur und Kunst, die Religionen und Weltanschauungen, die ne-

---

[19] Aus Gottes Frieden leben – für gerechten Frieden sorgen: Eine Denkschrift des Rates der EKD, Gütersloh, 2. Aufl. 2007.

ben dem Christentum existieren. Alle Dimensionen der Gesellschaft sind zu thematisieren, nicht bloß der Staat.[20]

*„BTE **VI.** Der Auftrag der Kirche, in welchem ihre Freiheit gründet, besteht darin, an Christi Statt und also im Dienst seines eigenen Wortes und Werkes durch Predigt und Sakrament die Botschaft von der freien Gnade Gottes auszurichten an alles Volk.*
Wir verwerfen die falsche Lehre, als könne die Kirche in menschlicher Selbstherrlichkeit das Wort und Werk des Herrn in den Dienst irgendwelcher eigenmächtig gewählter Wünsche, Zwecke und Pläne stellen."

An der sechsten These ist zunächst bedeutsam, dass sie noch einmal den Auftrag der Kirche in den Blick nimmt. Ihr Auftrag ist es demnach, die Rechtfertigungsbotschaft (sie heißt hier „Botschaft von der freien Gnade Gottes") zu verkünden. Sie tut dies durch die Predigt und durch die Verwaltung der Sakramente, ganz so, wie bereits CA VII dies beschrieben hat. An wen aber ist diese Botschaft zu verkünden („auszurichten")? Auch das ist in diesem Zusammenhang wichtig: „... an alles Volk". Wolfgang Huber, hat bereits in den Achtzigerjahren[21] des vergangenen Jahrhunderts darauf hingewiesen, dass hier ein neuer Begriff von Volkskirche anklingt: Das Volk ist demnach in seiner Ganzheit Adressat der Verkündigung, also nicht etwa Ausgangs-, sondern vielmehr Zielpunkt kirchlichen Handelns. Dass die Kirche dem ganzen Volk missionarisch verpflichtet ist, macht sie demnach zur Volkskirche. Andere Begriffe von „Volkskirche" wie „Kirche eines Volkes" oder „Kirche durch das Volk" usw. treten im Vergleich dazu in den Hintergrund, sie erweisen sich für die Gegenwart als nicht hinreichend leistungsfähig.

Vor diesem Hintergrund heißt es mit ausdrücklichem Bezug auf die sechste Barmer These in der EKD-Denkschrift "Das rechte Wort zur rechten Zeit" (Gütersloh 2008):
"(11) 'Die Legitimation der Kirche, sich zu politischen und gesellschaftlichen Fragen zu äußern, beruht nach ihrem Selbstverständnis auf dem umfassenden Verkündi-

---

[20] Das ist gerade im Blick auf die globale Wirtschafts- und Finanzkrise von Bedeutung. Systematisch-theologisch aber folgt es aus den Aussagen der ersten und der zweiten Barmer These: Der in Christus sich zeigende Gott ist der Herr der ganzen Welt, und es gibt keine Bereiche jenseits seiner Herrschaft.

[21] Wolfgang Huber: „Folgen christlicher Freiheit: Ethik und Theorie der Kirche im Horizont der Barmer Theologischen Erklärung", Neukirchener Beiträge zur Systematischen Theologie Bd. 4, Neukirchen-Vluyn 1983, dort 131-145.

gungs- und Sendungsauftrag ihres Herrn.' Die Kirche ist daher nicht nur berechtigt, sondern sogar verpflichtet, die ihr aufgetragene Botschaft so umfassend und allgemein zugänglich, also öffentlich, zu Gehör zu bringen, dass deren Bedeutung für alle Menschen und Völker und für alle Bereiche unseres Lebens vernehmbar wird."[22]
Mit anderen Worten: Weil die Kirche einen Verkündigungs- und Sendungsauftrag hat, ist sie notwendig eine auf die gesellschaftliche Öffentlichkeit bezogene, somit eine "öffentliche" Kirche. Damit aber trägt sie Verantwortung für diese Welt, ist zugleich **"verantwortliche Kirche"** in des Wortes tiefster Bedeutung, weil sie von Gott her und in seinem Auftrag in die Gesellschaft hinein wirkt.

C. Abschließende Überlegungen

Die BTE als **„Magna Charta der Bekennenden Kirche"** (Carsten Nicolaisen) ist von bleibender Aktualität, weil sie zeigt, dass Kirche zu jeder Zeit neu zum Bekennen aufgerufen und dazu auch fähig ist; ferner, dass solches Bekennen konfessionsübergreifend möglich ist und dass manchmal eine geniale theologische Vereinfachung notwendig ist, um die Dinge auf den Punkt zu bringen. Die Erklärung hat freilich ihre Höhen und Tiefen, ihre Stärken und Schwächen, so wie alle menschlichen (und kirchlichen) Äußerungen.

Der EKD-Ratsvorsitzende Bischof Dr. Wolfgang Huber verwies auf der EKD-Synode in Würzburg im Mai 2009 auf „... eine Schattenseite dieser Erklärung, die nicht verschwiegen werden kann. Diese Schattenseite ist die Nichterwähnung der Juden."[23]
„Barmen" war sozusagen **„ohne Erbarmen mit den Juden"** (Pinchas Lapide). Dieser Vorwurf lässt sich auch nicht dadurch entkräften, dass im Jahr 1934 die in den Kriegsjahren betriebene systematische Ausrottung der Juden in den Konzentrationslagern für die meisten Deutschen in keiner Weise absehbar war, dass zu jener Zeit noch Reichspräsident von Hindenburg das formelle Staatsoberhaupt des Dritten Reiches war und der so genannte „Röhm-Putsch" sich erst vier Wochen später ereignen sollte.

---

22 Das rechte Wort zur rechten Zeit: Eine Denkschrift des Rates der Evangelischen Kirche in Deutschland zum Öffentlichkeitsauftrag der Kirche, Gütersloh 2008, 19f.

23 Bericht des Rates der EKD „Im Geist Gottes bekennen", in: Synode der EKD, Drucksache I/1, vorgelegt auf der 1. Tagung der 11. Synode der EKD in Würzburg, 30.4. bis 3.5.2009, 5.

Auch der Kirchenpräsident der EKHN, Volker Jung, hat in seinem ersten Bericht zur Lage in Kirche und Gesellschaft im Frühjahr 2009 vor der Synode der EKHN die BTE gewürdigt. Er kommt dabei zu folgendem Urteil:

„Es gibt an der Barmer Theologischen Erklärung einige Kritikpunkte. Und es ist nötig, gerade in der historischen Betrachtung auch die Grenzen und Schwächen zu erkennen. Gleichwohl hat der Text große historische und aktuelle Bedeutung. Er hat die theologische Begründung dafür formuliert, der irre geleiteten Obrigkeit den Gehorsam zu verweigern, Widerstand zu leisten und sich in neuen Bekenntnisgemeinden zu organisieren. Er hat dazu beigetragen, den innerprotestantischen Konfessionalismus in seiner kirchentrennenden Kraft zu überwinden. Der Text ist bestens dazu geeignet, neu nach dem Grund und Auftrag der Kirche zu fragen und damit auch in unseren Debatten eine Ortsbestimmung des Glaubens vorzunehmen. Die kritische Frage, ob wir bei der Sache des Evangeliums sind, oder ob wir fremdgeleitet Zielvorstellungen und Strukturen entwickeln, muss stets unsere Arbeit begleiten.“[24]

Ich stimme dieser Einschätzung zu, ergänze aber noch einen Gesichtspunkt: Die wesentliche Leistung der BTE besteht nämlich m. E. darin, dass sie die evangelische Kirche konsequent als **„Institution der Freiheit“** denkt. Institution der Freiheit ist die Kirche, weil sie sich nicht einem Staat beugt, der die einzige und totale Ordnung des menschlichen Lebens werden will. Institution der Freiheit ist die Kirche ferner, indem sie zum freien, dankbaren Dienst an den Geschöpfen Gottes beiträgt. Sie ist schließlich Institution der Freiheit, weil aus ihrem Auftrag selbst die Freiheit erwächst, „... an Christi Statt und also im Dienst seines eigenen Wortes und Werkes durch Predigt und Sakrament die Botschaft von der freien Gnade Gottes auszurichten an alles Volk.“

Die Theologie der BTE insgesamt ist deshalb **als Präludium einer „Theologie der Freiheit“ zu würdigen.** Im Dritten Reich weitete sich dieses Präludium leider (noch) nicht zu einem mächtigen Choral oder auch nur zu einer anmutigen Fuge aus. Aber heute kann dieses Stück auch in der weltweiten Ökumene konzertreif aufgeführt werden. Das Barmer Präludium will gespielt und gehört werden. Seine wohltönende Melodie erklingt überall dort, wo die evangelische Kirche konsequent als „Kirche der

[24] Synode der EKHN, Drucksache Nr. 04/09-1, 11.

Freiheit"[25] gedacht wird. Der Gewinn, den die Kirche aus der genialen theologischen Vereinfachung der BTE ziehen kann, ist nichts Geringeres als die Behauptung ihrer Freiheit im Wandel der Zeit.

„Kirche der Freiheit" aber kann die Kirche nur sein, weil sie aus Gottes freier Gnade lebt. Gott schenkt der Kirche damit ein Fundament, das sie selbst nicht legen, das sie aber auch nicht verlieren oder verspielen kann, nämlich das Wort Gottes in seiner notwendig mehrfachen, nicht notwendig nur dreifachen Gestalt. Von ihm gilt, dass es in Ewigkeit bleibt: **„Verbum Dei manet in aeternum"** („Das Wort unseres Gottes bleibet ewiglich", Jesaja 40, Vers 8). Erst mit diesem Satz ist die Theologische Erklärung von Barmen wirklich an ihr Ende gekommen – und an ihren eigentlichen Anfang.

---

[25] Mit Bedacht hat der Rat der EKD sein Impulspapier von 2006 so überschrieben.

Gewalt oder Gewaltverzicht? Perspektiven christlicher Friedensethik nach dem 11. September 2001[26]

Vor einiger Zeit war ich mit meiner Familie in dem vor wenigen Jahren eingerichteten Wormser „Nibelungenmuseum". Es war beeindruckend dort: modern, informativ, interaktiv. Die Saga von Siegfried und den Nibelungen, die mir seit meiner Kindheit vertraut ist, wurde plötzlich vor meinem geistigen Auge wieder lebendig. Edles Rittertum, spannende Abenteuer, kühne Helden tauchten aus der Erinnerung auf, aber auch Gewalttat und Brutalität, feiger Mord aus dem Hinterhalt und grenzenloser Rachedurst, ein fürchterliches Blutbad am Ende eines Heldenepos, das scheinbar so heiter beginnt. Dahin kann also Gewalt führen, wenn ihr keine Grenzen gesetzt werden.

Ich kann mich an dieser Stelle nicht mit der Frage nach der historisch zutreffenden Auslegung des Nibelungenlieds auseinandersetzen. Aber mir ist aufgefallen, dass die Hauptpersonen der Saga im Grunde paradigmatische Figuren sind. Jede und jeder von ihnen steht für ein bestimmtes Prinzip, für eine abgründige und gefährliche Möglichkeit des Menschen. Da ist **Siegfried**, der strahlende, als unverwundbar geltende ritterliche Held, lichte Identifikationsfigur bis zu seiner Ermordung. Er steht für den Heldenmut und für die tödliche Utopie der Sicherheit. Da ist die schöne und reizende **Kriemhild**: Aus einem Engel der Liebe wird eine Rachegöttin, die keine Grenzen mehr kennt. Da ist **Gunter**, Kriemhilds Bruder und Siegfrieds Schwager, die Inkarnation des königlichen Opportunismus, ein Politiker, der sich nicht selbst die Finger schmutzig macht, aber mit der Ermordung Siegfrieds ebenso einverstanden ist wie mit dem Raub des Schatzes. Da ist Gunters aus Island stammende Frau **Brunhild**, deren verletzte Ehre nur mit Blut wiederhergestellt werden kann. Nach dem Tode Siegfrieds verschwindet sie aus der Geschichte; ihr Ziel hat sie ja erreicht. Und da ist **Hagen**, der Mann im Dunkeln für das Grobe und Grausame, der die Fäden zieht und das Schlimmste ausführt, die finsterste Vollstreckervariante skrupelloser Machtpolitik.

---

[26] Dieser Aufsatz beruht auf einem Vortrag, der am 7. Juni 2002 vor dem Pfarrkonvent Sonneberg in Berlin gehalten wurde. Die Vortragsform ist an einigen Stellen noch erkennbar.

Die Nibelungen: Alle stehen sie im Bann der Gewalt. Sie üben Gewalt aus und erleiden sie, sind Opfer und Täter von Gewalt zugleich, die meisten mehr Täter als Opfer. Wenn ich mir die Geschichte der Kriege und die Geschichte der Gewalt näher anschaue, dann begegnen mir diese Typen, diese paradigmatischen Figuren immer wieder. Auch in der jüngsten Geschichte, vom 11. September 2001 bis hin zum Konflikt zwischen Israel und Palästina. *Die tödliche Utopie der Sicherheit, die grenzenlose Rachebereitschaft, der politische Opportunismus, die nach Blut lechzende verletzte Ehre, die über Leichen gehende, skrupellose Machtpolitik. Die Gier nach Geld, Gold und Reichtum. Das ist der Stoff, aus dem die Kriege sind, das Garn, aus dem Gewalt gesponnen.*

Und man muss einfach realistisch sagen: So ist die Welt. So und nicht anders. Sie war (jedenfalls seit es Menschen gibt) nie anders. Und ob sie wirklich in ihrem Wesen anders werden kann, ist fraglich. Vielleicht kann eine andere Welt werden, der christliche Glaube erhofft sich das. Aber ob diese Welt eine andere oder jedenfalls eine bessere werden kann, das ist fraglich. Vor diesem Hintergrund verstehe ich die Frage, die Sie mir gestellt haben: „Gewalt oder Gewaltverzicht?"

Gewalt oder Gewaltverzicht?

Eine erste Überlegung: Gewalt oder Gewaltverzicht – das könnte für Christen allerdings nach einer irrealen Alternative klingen. Denn wenn sie die Wahl zu treffen haben, ob sie *uneingeschränkt* Gewalt ausüben oder aber sich zum Gewaltverzicht bekennen sollen, dann dürfte die Antwort eindeutig sein. Vom Friedenszeugnis Jesu her, das sich insbesondere in der Bergpredigt klassisch artikuliert hat, gibt es keine Möglichkeit, uneingeschränkt Gewalt ausüben zu wollen. Vielmehr ist das genaue Gegenteil geboten: Dem anderen die Wange hinhalten, mit ihm zwei Meilen gehen statt einer, dem, der dir den Rock abnimmt, auch noch den Mantel geben, also: Feindesliebe, Gewaltverzicht üben. Es scheint demnach gar keine Alternative, keine Wahl für Christen zu geben. Jedenfalls nicht in der Gewaltfrage.

Ich sage bewusst: **Dies scheint so zu sein.** Denn was auf den ersten Blick plausibel klingt, könnte sich bei genauerem Hinsehen als falsch oder zumindest als differenzierungsbedürftig erweisen. Ich vermute, dass dies im gegebenen Fall tatsächlich so ist.

Aber um dies überprüfen zu können, müssen wir uns zunächst einmal dem Schlüsselbegriff der „Gewalt" annähern.

Zum Begriff der Gewalt

Was ist mit dem Begriff Gewalt gemeint? In der englischen Sprache gibt es vier Wörter, die unserem deutschen Breitbandbegriff entsprechen: power, authority, force und (last not least) violence. Die ersten beiden Worte bezeichnen die Macht bzw. Autorität einer Person oder Institution. Das dritte Wort meint allgemein die Kraft im Sinne der Möglichkeit, etwas zu bewirken und auch ggf. gegen Widerstände durchzusetzen. Erst der vierte Begriff (**violence**) bedeutet die Ausübung von Macht und den Einsatz von Kraft, wobei in Kauf genommen wird, dass dabei andere Menschen physisch oder auch psychisch verletzt, beschädigt oder sogar getötet werden. **Violence** ist also zerstörerische Gewalt, die gegebenenfalls den Tod anderer Personen (oder auch den eigenen Tod) in Kauf nimmt. Von dieser Form von Gewalt soll im Folgenden die Rede sein: Gewalt als *violence*. So meinte dies ja auch der Ökumenische Rat der Kirchen, als er die „Dekade zur Überwindung von Gewalt" eröffnete.

Es ist zunächst schnell ersichtlich, dass der christliche Glaube zu *power, force* oder *authority* nicht Nein sagen muss. Das Christentum bejaht die Autorität des Staates und seiner Institutionen, begleitet die existierenden Machtverhältnisse in kritischer Solidarität und billigt diesen auch Instrumente zu, um sich gegen Widerstände durchsetzen zu können. Wie steht es aber mit Gewalt als *violence*? Auf den ersten Blick scheint es, wie gesagt, als müsse der christliche Glaube und das ihm entsprechende Ethos auf einen absoluten Gewaltverzicht hinauslaufen. Denn Frieden, Nächsten- und Feindesliebe, Gerechtigkeit und Achtung vor der Würde anderer Menschen scheinen Gewaltanwendung notwendig auszuschließen. Aber schon der Blick auf die biblischen Traditionen und die Geschichte des Christentums, verstanden als Geschichte der Auslegung biblischer Traditionen, führt nicht zu einer solchen eindeutigen Auffassung.

Christlich-biblische Traditionen

Die christliche Friedensethik hat sich zu allen Zeiten zur Möglichkeit der „Androhung und Ausübung von Gewalt" bekannt, wie es etwa in der Barmer Theologische[n] Erklärung heißt, die ja in einer Reihe von Gliedkirchen der EKD zu den Bekenntnisgrundlagen zählt: „Die Schrift sagt uns, dass der Staat nach göttlicher Anordnung die Aufgabe hat, in der noch nicht erlösten Welt, in der auch die Kirche steht, nach dem Maß menschlicher Einsicht und menschlichen Vermögens unter Androhung und Ausübung von Gewalt für Recht und Frieden zu sorgen. Die Kirche erkennt in Dank und Ehrfurcht gegen Gott die Wohltat dieser seiner Anordnung an."

Hier ist eindeutig von der Androhung und Ausübung von Gewalt im Sinne von *violence* die Rede. Zu ihr als einer Handlungsoption bekennt sich die christliche Kirche nicht erst seit der so genannten Konstantinischen Wende, also der Bekehrung Kaiser Konstantins zum christlichen Glauben und der damit beginnenden Etablierung des Christentums als Reichsreligion. Die heutige Kirchengeschichtsschreibung kommt sogar überwiegend zum Ergebnis, dass es keinen Anhaltspunkt dafür gibt, zu meinen, vor der so genannten Konstantinischen Wende seien alle Christen Pazifisten gewesen, was sich danach sofort ins Gegenteil verkehrt habe. Die Wende war ohne Zweifel ein bedeutsamer historischer Einschnitt, aber auch vor ihr waren nicht alle Christen Pazifisten.

Aurelius Augustinus verwies bereits auf die Geschichte vom Hauptmann von Kapernaum: Als Jesus ihn kennen lernt, lobt er seinen Glauben und heilt seinen kranken Knecht. Aber nirgendwo ist davon die Rede, dass er ihn zur Feindesliebe bekehren möchte oder ihn auch nur darum bittet, seinen Beruf aufzugeben. Lange vor Kaiser Konstantin gab es Christen, die in der römischen Armee Militärdienst leisteten. Auch die frühe Kirche war bereits eine Art „corpus permixtum" aus Pazifisten und Nichtpazifisten.

Wer genauer hinsieht, wird schon im biblischen Zeugnis die Möglichkeit von Gewalttätigkeit entdecken und vielleicht davor erschrecken. Mir geht es jedenfalls so. Der Gott des Alten Testaments ist keineswegs friedfertig. Er tötet gottlose Menschen durch Naturkatastrophen wie die „Sintflut". Er lässt Heilige Kriege führen und ordnet an, dass an den Besiegten „der Bann" vollstreckt wird, dass also wehrlose Menschen getötet werden. König Saul wird von Gott dafür bestraft, dass er seine Feinde schont und nicht den Bann an ihnen vollzieht. Der Prophet Samuel holt mit dem Schwert das von Saul Versäumte nach. Dies ist sicher alles andere als friedlich. Nun gut, man könnte einwenden, dies sei eben der Gott des Alten Testaments. Im Neuen Testament sei dagegen alles ganz anders. Aber man kann das Alte und das Neue Testament wohl kaum voneinander trennen, ohne sich dem Vorwurf des Antijudaismus auszusetzen wie einst der Ketzer Marcion. Das Alte Testament ist eine unentbehrliche Verstehensgrundlage für das Neue. Und selbst im Neuen Testament gibt es nicht nur durch die Bergpredigt repräsentierte Tradition, sondern auch andere Überlieferungen, die nicht notwendig zu einem pazifistischen Ethos führen. Der Neutestamentler Johannes Hilbert vertritt etwa die Auffassung, erst die Katastrophe des Jahres 70 nach Christus, also die Zerstörung Jerusalems durch das römische Heer, habe den christlichen Pazifismus überhaupt möglich gemacht.[27] Als ethische Handlungsoption für Christen sei er aufgrund der zuvor herrschenden eschatologischen Naherwartung nicht im Bewusstsein gewesen. Erst als reale Alternative zu dem in einem Blutbad gescheiterten Handeln der Zeloten und Sikarier habe er sich im Christentum durchgesetzt. Ich kann und will diese These gar nicht historisch beurteilen, das mögen kompetente Historiker tun, aber allein die Möglichkeit, die Hilbert aufzeigt, sollte uns zu denken geben.

Vor allem aber möchte ich darauf hinweisen, dass die überlieferten biblisch-christlichen Lehren in ihrer Mehrzahl weder zur Gewalt noch zum Gewaltverzicht aufrufen. Eine solche Frage, eine solche Alternative, geht vielmehr an ihrem primären Interesse vorbei. Der christliche Glaube ist eben nicht vorrangig an einer ***Ortho-praxie***, also an einer Praxis der guten Werke, interessiert, wie Carl Amery meinte[28]. Dem Glauben geht es aber auch nicht um die reine Lehre, also um die fast schon sprichwörtliche ***Ortho-doxie***. Im Vordergrund steht vielmehr der rechte Glaube, also das unbedingte Vertrauen auf den wahren und einzigen Gott. Dies könnte man vielleicht, ich wage hier einen Neologismus vorzuschlagen, eine ***„Ortho-pistie"*** nennen. Fragen der Ethik, auch der Friedensethik, sind deshalb nicht unwichtig. Sie sind aber nicht heilsentscheidend. Weder können noch müssen sie daher notwendig in Eindeu-

[27] Johannes Hilbert: "Jenseits des Neuen Testaments: Erst die Katastrophe des Jahres 70 machte christlichen Pazifismus möglich", in: Die Zeichen der Zeit - Lutherische Monatshefte, 36-38.

[28] Vgl. Carl Amery: Global Exit: Die Kirchen und der Totale Markt, München 2002, 202, 221.

tigkeit oder Einmütigkeit entschieden werden. Erst recht nicht die speziellen Fragen der Friedenspolitik, die von ihnen abgeleitet und zu unterscheiden sind.

Das Paradigma vom gerechten Frieden: Gewalt als Ultima Ratio

Die gegenwärtige evangelische Friedensethik entfaltet sich wesentlich in drei voneinander zu unterscheidenden Konzeptionen: Da ist zum einen die überkommene und heute als großenteils überholt geltende, auf Cicero, Augustinus und Thomas von Aquin basierende Lehre vom gerechten Krieg. Da gibt es zum anderen den oft friedenskirchlich inspirierten radikalen Pazifismus. Und schließlich wird die Lehre vom gerechten Frieden vertreten. Letztere repräsentiert die mehrheitliche Meinung im Raum der EKD. Auf sie bezieht sich auch die deutsche römisch-katholische Bischofskonferenz in ihrem Hirtenwort „Gerechter Friede", das im Herbst 2000 erschienen ist. Der friedensethische Konsens im Bereich der Lehre vom gerechten Frieden schließt den Gedanken ausdrücklich ein, dass die Androhung und Ausübung von Gewalt als „Ultima Ratio" möglich sein müsse. Ultima Ratio heißt dabei nicht: die zeitlich zuletzt zu ergreifende Maßnahme, sondern bedeutet qualitativ das äußerste, schwerwiegendste Mittel, das in einem denkbaren Fall eingesetzt werden kann. In diesem Sinne äußerte sich beispielsweise der damalige Vorsitzende des Rates der EKD, Präses Manfred Kock, auf der EKD-Synode in Amberg (2001): „Die friedensethischen Grundsätze unserer Kirche messen dem gewaltfreien Handeln den Vorrang zu. Aber dies ist nicht das einzige ethisch bindende Prinzip. Es gibt Situationen, in denen Gewaltanwendung, die immer in Schuld verstrickt, unter bestimmten Voraussetzungen legitim sein kann."[29]

Dies gilt natürlich insbesondere, wenn bei einer Gewaltanwendung gesichert werden kann, dass kein menschliches Leben vernichtet wird, wenn also zum Beispiel ausschließlich Waffensysteme und militärische Einrichtungen zerstört werden. Nun kommt dieser Fall in der Praxis militärischen Handelns relativ selten vor. Deshalb muss man hinzufügen: Unter bestimmten Umständen kann auch eine Gewaltanwendung legitim sein, bei der unmittelbar oder in der Folge auch Menschen getötet werden. Um das Beispiel des Nibelungenlieds aufzugreifen: Dietrich von Bern, das sa-

---

[29] Zitiert nach: Amberg 2001: Bericht über die sechste Tagung der neunten Synode der Evangelischen Kirche in Deutschland vom 4. Bis 9. November 2001, Hannover 2002, 37.

genhafte *alter ego* des in Ravenna begrabenen großen Theoderich, interveniert hier ja am Ende des langen Kampfes, um das Blutbad zu beenden. Ihm gelingt, was kein anderer vorher schaffte und wohl auch kein anderer hätte schaffen können, nämlich sowohl Gunter als auch Hagen zu besiegen. Er verwundet beide und nimmt sie gefangen. Damit ist der Kampf beendet, weitere Opfer wären eigentlich nicht mehr nötig. Jedenfalls können Hagen und Gunter niemandem mehr schaden. Das Nibelungenlied macht deutlich: Niemand anders außer Dietrich wäre im Stande gewesen, die beiden zu besiegen. In gewisser Weise war er daher moralisch zu diesem Kampf verpflichtet. Dietrich will allerdings das Leben seiner Gefangenen schonen, was ihm aufgrund von Kriemhilds grenzenlosem Rachedurst nicht gelingen wird.

Gründe für den Gebrauch von Gewalt: Notwehr und Nothilfe

An dieser Stelle könnte man argumentieren: Als Christen leben wir zwar in einer gewalttätigen Welt, aber wir können die neue, jenseitige Wirklichkeit, die wir erhoffen, schon in unserem Leben anfangsweise umsetzen, indem wir selbst konsequenten Gewaltverzicht üben und damit den Geboten Jesu entsprechen. Ich räume gerne ein, dass ich dies für die beste Begründung einer pazifistischen Denk- und Handlungsweise halte, die ich mir denken kann. Und ich füge hinzu, ich halte sie als eine individuelle Handlungsmaxime einzelner Christen für sehr respektabel. Für mich selbst und für die Sozialethik der EKD kann ich ihr jedoch nicht folgen. Und das will ich gerne begründen:

Aus christlicher Perspektive gibt es zwei Gründe, die den Einsatz von Gewalt unter bestimmten Bedingungen rechtfertigen können. Ich bringe diese Gründe auf die Kurzformeln „Notwehr“ und „Nothilfe“.

Zum einen müssen auch Christen die Möglichkeit haben, sich selbst und ihr Leben im Notfall zu verteidigen. Es gibt ein Recht auf **Notwehr** und muss ein solches geben. Sonst müsste man sich in jedem Falle eines Angriffs vom Feind töten lassen und dürfte nichts entgegensetzen. Darf man sich aber nicht verteidigen, wenn Hagen seinen Speer erhebt oder Kriemhild ihr blutiges Schwert schwingt? Ich denke an die unzähligen unschuldigen Opfer des Dritten Reiches. Nein, es gab und es gibt ein Recht auf Notwehr und auch auf bewaffneten Widerstand.

Zweitens ist aber aus meiner Sicht noch wichtiger, dass es für Christen **die Notwendigkeit gibt, anderen zu helfen**, die in Not sind, deren Leib und Leben bedroht werden. Wenn ein Attentäter wie im Erfurter Gutenberg-Gymnasium im April 2002 Amok läuft, dann muss Polizei eingesetzt werden. Und diese muss die Möglichkeit haben, unter Androhung und notfalls auch unter Ausübung von Gewalt, also letztlich mit Schusswaffen, einem solchen schrecklichen Geschehen ein Ende zu setzen. Wer Menschen retten will, der muss dazu unter Umständen auch Gewalt ausüben. Das ist so schrecklich und hart, wie es wahr ist. Es gibt für Christen zumindest ein Recht, wahrscheinlich sogar eine sittliche Pflicht zur **Nothilfe**.

Zweierlei will ich damit nicht sagen: Erstens, dass polizeiliche und militärische Einsätze in jeder Hinsicht vergleichbar wären. Das sind sie natürlich nicht. Es gibt bei allen Unterschieden im Einzelnen aber auch Analogien und Gemeinsamkeiten. Vielleicht wäre es in mancher Hinsicht wünschenswert, wenn das Militär sich mehr am Vorbild von Polizeieinsätzen orientieren würde. Soweit dieses möglich ist.

Zweitens will ich nicht behaupten, dass etwa *der Kosovo-Krieg* als eine humanitäre Intervention und daher als Nothilfe gedeutet werden müsse oder dass *der Afghanistan-Krieg* als eine Form von kollektiver Selbstverteidigung im Sinne des Artikels 51 der UNO-Charta aufgefasst und daher zwangsläufig als Notwehrakt verstanden werden müsste.[30] Oder dass beide Kriege damit ethisch zu rechtfertigen wären. Ich will das überhaupt nicht behaupten, weil ich in beiden Fällen starke Zweifel habe. Übrigens auch im Hinblick auf die Verhältnismäßigkeit der angewandten Mittel. Im Zusammenhang mit dem Afghanistankrieg erinnere ich nur an die Anwendung der Streubomben oder an den Abwurf von Splitterbomben auf Wohngebiete. Ich habe somit starke Zweifel an der Interpretation dieser beiden Kriege im Sinne der Begriff Nothilfe und Notwehr. Aber ich kann andererseits auch nicht definitiv ausschließen, dass diese Kriege eine in einer Sachnotwendigkeit begründete Berechtigung hatten.

Worauf es mir ankommt, ist, dass der Gedanke der Ultima Ratio im Hinblick auf die zwei Grundsituationen der **Notwehr** und der **Nothilfe** grundsätzlich friedensethisch

[30] Die Verwendung des Kriegsbegriffs im Hinblick auf die kriegerischen Konflikte im Kosovo 1999 und in Afghanistan seit 2001 ist bekanntlich umstritten und im strikt völkerrechtlichen Sinne wohl nicht zutreffend. Allerdings hat auch die Politik spätestens seit dem Jahr 2010 den Kriegsbegriff im Blick auf Afghanistan verwendet und damit die Phänomenologie dieses Konfliktes und die Art, wie er von Betroffenen erlebt wird, zutreffend gewürdigt.

zur Geltung gebracht werden kann. **Mit anderen Worten: Christen können, aber sie müssen keine Pazifisten sein. Zweierlei aber dürfen sie auf keinen Fall sein: Bellizisten oder Heilige Krieger.** Beides schließt – jedenfalls nach meinem Verständnis – der christliche Glaube aus.

Ein statisches oder ein prozessuales Modell?

Noch ein weiterer Aspekt ist mir wichtig: Die Forderung eines absoluten Gewaltverzichts ist im Grunde genommen eine dogmatische, abstrakte und daher statische Handlungsweise. Sie legt nämlich Menschen darauf fest, zu allen Zeiten ihres Lebens und unter allen nur denkbaren Umständen das Gleiche tun zu müssen, nämlich Gewaltverzicht zu üben. Umgekehrt ist die Forderung, immer und unter allen Umständen Gewalt anzuwenden, also der Bellizismus in Reinkultur, den es im christlichen Glauben nicht geben kann, ebenfalls dogmatisch, abstrakt und damit letztlich statisch. Mit anderen Worten: Gewaltbejahung oder gar Gewaltverherrlichung können vom christlichen Glauben her überhaupt nur abgelehnt werden. Das Postulat eines christlichen Pazifismus, also eines absoluten und bedingungslosen Gewaltverzichts, ist zwar denkmöglich und kann von einzelnen Christen auch praktiziert werden. Aber es ist statisch und daher nicht flexibel genug, um auf verschiedene Situationen und Bedarfe im Alltag unserer von Gewalt geprägten Welt adäquat reagieren zu können. Mir scheint der Lehre vom gerechten Frieden eher eine prozessuale als eine statische Perspektive friedensethisch adäquat zu sein. Deshalb sympathisiere ich mit der **Ökumenischen Dekade zur Überwindung von Gewalt,** die vom Ökumenischen Rat der Kirchen ausgerufen wurde und die Jahre von 2001 bis 2010 umfasst. Ich verstehe diese Dekade als einen Zeitraum, der den christlichen Kirchen und Gemeinden die Chance bietet, einen Prozess zu gestalten, in dem die immer schon vorhandene Gewalt dieser Welt vermindert, gelindert, eingedämmt, aber auch von ihren Ursachen her analysiert und wenigstens fragmentarisch überwunden werden kann. Die **prozessuale Perspektive** halte ich dabei für eine ganz wesentliche Dimension der Ökumenischen Dekade.

Friedensstiftung bedeutet deshalb die Aufgabe, Prozesse einzuleiten, die Gewalt kontinuierlich vermindern und begrenzen. Die Zielperspektive ist dabei natürlich, möglichst die „Nulllinie“ zu erreichen, also Gewalt völlig zu überwinden. In unserer

Welt wird dieses Ziel niemals völlig zu realisieren sein. Deshalb hat die biblische Tradition das Bild vom Paradies, vom Himmel, vom Jenseits entworfen, einer Welt jenseits unserer Welt, in der Gott mit den Menschen unmittelbar verbunden ist und ihnen die Tränen von den Augen abwischt. In dieser Welt, die nicht die unsere ist, werden Gewalt, Schrecken und Leid nicht mehr herrschen. Auf der Welt, in der wir leben, ist dies anders. Das war vor dem 11. September 2001 so, und es ist so geblieben. Ich sehe den 11. September, bei aller faktischen und symbolischen Schrecklichkeit, die mit diesem Datum verbunden ist, also keineswegs als ein epochales Ereignis, also als einen Moment, der eine neue Ära der Weltgeschichte einleitet. Jener Tag ist vielmehr ein Datum wie viele andere in der ewigen „Nibelungensaga“ menschlicher Gewalttaten und Grausamkeiten.

Mir kommt es darauf an, dass wir erkennen: Absolute Gewalt ist eindeutig und eindimensional. Gleiches gilt aber auch für den absoluten Gewaltverzicht. Beide Pole sind daher letztlich statisch. Eine prozessuale Interpretation überwindet den Gegensatz von Gewalt und Gewaltverzicht durch die *Perspektive einer nachhaltigen Überwindung von Gewalt.* Zu einer solchen Perspektive gehören verschiedene Facetten. Ich nenne hier die wichtigsten, die auch als Instrumente für kirchliches Handeln – abgesehen von dem Gebet für den Frieden und der Gestaltung von Gottesdiensten, die ohnehin die Grundlage für unser kirchliches Handeln bilden – im Blick sein sollten:

"... politische Einflussnahme und präventive Diplomatie,

- Bemühungen um gerechtere weltwirtschaftliche Verhältnisse und den Schutz der natürlichen Grundlagen des Lebens,
- wirtschaftliche, soziale und kulturelle Kooperation,
- Etablierung ziviler Formen des Konfliktaustrags und der Konfliktregelung mit dem Ziel verfassungsmäßig gesicherter Koexistenz,
- Aufbau und Einsatz von Friedensdiensten zur Ergänzung und Weiterführung der friedenssichernden Aktivitäten über den militärischen Beitrag hinaus,
- Fortschritte bei der Abrüstung und der Begrenzung des Waffenhandels,
- Verhängung von friedensverträglichen und friedensdienlichen Sanktionen und Embargomaßnahmen.“[31]

---

[31] Friedensethik in der Bewährung. Eine Zwischenbilanz zu "Schritte auf dem Weg des Friedens. Orientierungspunkte für Friedensethik und Friedenspolitik. Ein Betrag des Rates der Evangelischen Kirche in Deutschland", Hannover 2001, 69f.

Über diese Facetten und Handlungsmöglichkeiten einer christlichen Kultur, die Gewalt im Sinne von *violence* überwinden möchte, sollten wir Christen uns m.E. verständigen können, ob wir uns nun als Pazifisten oder aber als Anhänger der Lehre vom gerechten Frieden sehen. Ich plädiere also nach dem 11. September 2001 nicht für den absoluten Gewaltverzicht, aber erst recht nicht für die Gewaltanwendung, sondern für **eine reichhaltige und differenzierte prozessuale Perspektive der Überwindung von Gewalt**. Ein solcher Prozess bietet jedenfalls eine reale und lebendige Alternative zur endlosen Fortschreibung der Sage von der Nibelungen Not und Tod.

Mut machen und Sehnsucht wecken: Friedensethik in der ökumenischen Diskussion

Kontroversen um den gerechten Krieg

Ich erinnere mich gut an eine meiner ersten richtig kontroversen ökumenischen Diskussionen als "Friedens"-Referent des Kirchenamtes der EKD. Sie fand im Jahr 2003 in der Evangelischen Sozialakademie Friedewald statt. Im Jahr des Irak-Krieges begegneten sich im Rahmen der Meißen-Kommission Vertreter der EKD und der anglikanischen Kirche. Ein Streitpunkt zwischen uns war damals, ob es in der Gegenwart denn überhaupt "gerechte Kriege" geben könne. Hierüber erzielten wir mit unseren anglikanischen Gesprächspartnern keine Einigkeit. Das Hauptargument der anglikanischen Theologen lautete: *"Beyond all doubt the war against Hitler was a just war" ("=Ganz ohne Zweifel war der Krieg gegen Hitler ein gerechter Krieg").* Auf der Seite der EKD war nach meiner Erinnerung niemand, der eine Haltung ohne jeden Zweifel ("beyond all doubt") vertrat. Wer aus der Perspektive Deutschlands denkt und urteilt, eines Landes, das an zwei Weltkriegen erhebliche Schuld trägt (am Zweiten Weltkrieg sogar die Alleinschuld) und das unendliches Leid über die Welt gebracht hat, kann nicht ohne Zweifel sein. Jedenfalls kann er nicht im Modus der Gewissheit sagen, dass es gerechte Kriege gebe und dass man selbst zu einem ganz bestimmten Zeitpunkt einen solche geführt habe. Eher werden wir im Anschluss an das Stuttgarter Schuldbekenntnis von 1945 unsere Schuld erklären und die Opfer und ihre Angehörigen um Vergebung bitten.[32] Von daher muss man auch die Zweifel und die Skepsis verstehen, die in unserem Land angesichts etwa des aktuellen Einsatzes der Bundeswehr in Afghanistan herrschen. Unsere geschichtliche Erfahrung legt uns die Haltung nahe, immer dann skeptisch zu sein, wenn jemand behauptet, ein ganz bestimmter Krieg sei "gerecht" oder zumindest "gerechtfertigt".

---

[32] In Analogie dazu wird man vielleicht sagen können: Auch die Alliierten haben sich im Zweiten Weltkrieg schuldig gemacht; man denke etwa an die Bombardierung von Dresden im Februar 1945, die dem friedensethischen Grundsatz der Verhältnismäßigkeit (proportionalitas) wohl nicht Genüge tut. Auch wenn England sich gegen Hitler-Deutschland verteidigen musste (wobei die Alleinschuld Deutschlands an keinem Punkt strittig ist!), kann der damals geführte Krieg nicht als Beispiel für einen gerechten Krieg dienen. Vielleicht hat es in der Geschichte der Menschheit niemals einen gerechten Krieg gegeben.

Aber schließt dies aus, dass es gerechte Kriege geben kann? Die Lehre vom gerechten Krieg, die im Anschluss an die antike Philosophie vom Kirchenvater Aurelius Augustinus (354-430) begründet, in der Scholastik bei Thomas von Aquin (1225-1274) systematisch entfaltet und von den Reformatoren im 16. Jahrhundert jedenfalls nicht grundsätzlich in Frage gestellt wurde, blieb über anderthalb Jahrtausende das die christliche Friedensethik bestimmende Paradigma. Dabei ging es – jedenfalls der Absicht der Kirchenväter nach – immer um die Einhegung und Begrenzung, also Bändigung des Krieges. Und doch muss man sich wundern, dass eine Lehre, die als Grundbegriff den Terminus des (und sei es auch: gerechten) "Krieges" verwendet, als ein Paradigma der christlichen Friedensethik überhaupt in Frage kam bzw. kommt. Eine Friedensethik, die wesentlich auf dem Kriegsbegriff basiert, steht von Anfang an auf einer schiefen Ebene. Dabei fällt auf, dass die überlieferte Lehre in der Vergangenheit zumeist dazu diente, Kriege zu begründen und zu rechtfertigen, nicht aber zu verhindern und einzuschränken. Vor dem Hintergrund solcher Überlegungen und der Abgrunderfahrungen der Kriege und Genozide des 20. Jahrhunderts wurde und wird die Lehre vom gerechten Krieg in vielen Kirchen der Welt immer mehr in Frage gestellt.

<u>Das neue Leitbild: Der gerechte Friede</u>

An ihre Stelle tritt eine **Vision vom "gerechten Frieden"**, also ein Friedensbegriff, der sich von Anfang an und unauflöslich mit den Konzepten von Recht (also einem internationalen und innerstaatlichen Rechtssystem) und Gerechtigkeit (im Sinne basaler sozialer Gerechtigkeit) verbindet. Friede kann demnach nur wachsen und gedeihen, wenn, wo und weil er untrennbar mit Recht und mit Gerechtigkeit verbunden ist. Die im Jahr 2007 veröffentlichte Friedensdenkschrift des Rates der EKD "Aus Gottes Frieden leben - für gerechten Frieden sorgen" entfaltet den Gedanken des gerechten Friedens in vier Dimensionen: *1. Vermeidung von Gewaltanwendung*: Vorrang für ziviles, nicht-militärisches, nicht-gewaltförmiges Handeln bei der Konfliktaustragung; *2. Förderung der Freiheit:* ein Leben in Würde durch Wahrung und Stärkung des Rechts als Rahmen menschlicher Freiheit; *3. Förderung von kultureller Vielfalt*: Ermöglichung eines Miteinanders von unterschiedlichen Kulturen und Lebensweisen; *4. Abbau von Not*: Verringerung von Ungerechtigkeiten in der Verteilung materieller Güter und des Zugangs zu ihnen.

Die Lehre vom gerechten Frieden steht, systematisch betrachtet, in der Mitte zwischen der Lehre vom gerechten Krieg und dem radikalen Pazifismus. Mit dem Pazifismus verbindet sie, dass sie im (mit Gerechtigkeit verbundenen) Frieden das Ziel aller Politik und auch den Maßstab des Gelingens von Politik sieht und dass für sie der kybernetische Grundsatz gilt: "Wer den Frieden will, muss den Frieden vorbereiten". Vom radikalen Pazifismus unterscheidet sie, dass sie nicht den Frieden an sich für das höchste irdische Gut hält, sondern den mit Recht und Gerechtigkeit dauerhaft verbundenen Frieden, und dass sie deshalb die Möglichkeit des Einsatzes einer "rechtserhaltenden Gewalt" in bestimmten, eng eingegrenzten Fällen für möglich hält.

Von der Lehre vom gerechten Krieg unterscheidet sich die Lehre vom gerechten Frieden dadurch, dass sie erstens den Primat der Prävention vor der (militärischen) Intervention und der zivilen vor den militärischen Instrumenten der Friedenssicherung betont und dass sie zweitens Kriege grundsätzlich weder für gerecht noch für gerechtfertigt halten kann.[33] Mit der Lehre vom gerechten Krieg verbindet sie die Suche nach leistungsfähigen Kriterien im Sinne von Prüfgesichtspunkten, die es gestatten sollen, über die ethische Berechtigung oder gar Notwendigkeit des Einsatzes rechtserhaltender Gewalt etwa im Falle eines drohenden Genozids oder schwerster Menschenrechtsverletzungen zu entscheiden.

Aus der Perspektive der Lehre vom gerechten Frieden betrachtet sind ein christlicher Bellizismus, wenn es denn einen solchen gäbe, ebenso wie eine Lehre vom Heiligen Krieg, die es ja gab und die jedenfalls unheilvolle geschichtliche Spuren hinterlassen hat, in jedem Falle als Häresien zu betrachten. Kriege können weder heilig noch auch nur das höchste irdische Gut sein, denn es gilt die Aussage aus der Gründungsversammlung des Ökumenischen Rates der Kirchen in Amsterdam (1948): **"Krieg soll nach Gottes Willen nicht sein".** Deshalb kann man das Spektrum der in der Gegenwart verbreiteten und auch legitimen Paradigmen der Friedensethik auf drei eingrenzen: die Lehre vom gerechten Krieg, die Lehre vom gerechten Frieden und der radikale Pazifismus. Alle drei Lehren haben einen guten Sinn, ihren Ort und ihr Recht als friedensethische Paradigmen der christlichen Kirche(n). Dabei geht die

[33] Es handelt sich bei ihnen somit im besten Falle um notwendige, unvermeidliche Übel. Sie sind immer mit Schuld verbunden. Allerdings kann sich auch schuldig machen, wer die Anwendung von militärischer Gewalt grundsätzlich ablehnt – dann nämlich, wenn dies zu Genoziden oder schweren, massiven, systematischen Menschenrechtsverletzungen führt.

Tendenz aber, wie gesagt, dahin, die Lehre vom gerechten Krieg für überholt zu halten und durch die Lehre vom gerechten Frieden abzulösen.

Wertschätzung des christlichen Pazifismus

An dieser Stelle sei ein Wort zur **Einschätzung des christlichen Pazifismus** gesagt. Die Mennoniten als Mitgliedskirche des Ökumenischen Rates der Kirchen (ÖRK) und unter ihnen besonders ihr Delegierter Dr. Fernando Enns haben bekanntlich wesentlich dazu beigetragen, dass der ÖRK im Jahr 1998 auf seiner Vollversammlung in Harare die Durchführung der Dekade zur Überwindung von Gewalt beschlossen hat. Dieser Beschluss ist nicht zuletzt auch ein Zeichen der Wertschätzung gegenüber den "historischen Friedenskirchen", die ja von Anfang an im ÖRK vertreten sind. Auch in der Sache ist das Anliegen des christlichen Pazifismus kaum hoch genug wertzuschätzen. Er ist dort, wo er sich in konkreten Personen und Institutionen "verkörpert", ein wichtiges Zeichen dafür, dass die direkte Anknüpfung an die Jesustradition und hier insbesondere an die Bergpredigt Jesu (vgl. Matthäus 5,9 und 5,38ff) nicht nur ein ehrwürdiges Traditionsgut christlicher Kirchen ist, sondern auch tatsächlich gelebt werden kann. Die pazifistische Lehre ist zudem logisch stringent und ethisch auf beeindruckende Weise klar. Ihr zufolge gilt: Krieg ist weder begründbar noch legitimierbar, die Anwendung militärischer Gewalt ist in jedem auch nur denkbaren Fall abzulehnen. Ohne Zweifel ist der radikale Pazifismus als die in der Gewissensentscheidung eines einzelnen Christen zu Stande gekommene ethische Maxime eine nicht nur legitime, sondern sogar ethisch höchst respektable Position. Und der Pazifismus muss auch der Weg der christlichen Kirche in der Geschichte sein. Das heißt, der Kirche als Institution ist die Anwendung von Gewalt zur Erreichung ihrer Ziele in jedem Falle untersagt. Sie hat das Evangelium ohne jede Art von Gewalt, sondern allein durch das Wort zu verbreiten. In diesen beiden Hinsichten – als respektable Maxime eines Einzelnen, aber auch als Weg der christlichen Kirche in der Geschichte – hat der Pazifismus somit seinen Ort in der Sozialethik und Praxis der Christenheit. Ob er deshalb aber auch schon die generelle sozialethische Maxime für alle Christenmenschen und für alle christlichen Kirchen sein kann, darf oder sollte, darüber kann man sich streiten. Und tut dies ja auch seit Jahrhunderten. Ob man wie etwa Paul Tillich der Meinung sein muss, die Kirchen müssten den politischen Pazifismus verwerfen, steht dahin. Ich halte dieses Urteil, entstanden in der

Ära des Kalten Krieges, für zu harsch und teile es nicht. Aber die christlichen Kirchen müssen dem Pazifismus wohl auch nicht ungeteilt anhängen, schon deshalb nicht, weil der christliche Glaube sich nicht auf die Jesustradition reduzieren lässt, diese im Übrigen auch selbst nicht eindeutig ist und nach evangelischem Verständnis das Heil ohnehin nicht auf dem menschlichen Handeln oder Unterlassen beruht, sondern allein von unserem Vertrauen zu Gott und von dessen gnädiger Vergebung all unserer Schuld abhängig ist. Wie auch immer, die ökumenische Initiative der mennonitischen Kirche ist als äußerst verdienstvoll zu betrachten. Das gilt auch für den Einsatz der Friedenskirchen beim Aufbau der zivilen Friedensdienste in Deutschland und bei der ganz praktischen Planung, Durchführung und Gestaltung vieler Projekte im Rahmen der Dekade zur Überwindung von Gewalt.

Ein friedensethischer Quantensprung

Inzwischen liegen den Mitgliedskirchen des ÖRK zwei Erklärungen des ÖRK "zum gerechten Frieden" vor, die der Vorbereitung der für den Mai 2011 geplanten großen Friedenskonvokation des ÖRK auf Jamaika dienen sollen. Mit dieser Konvokation wird die Dekade zur Überwindung von Gewalt (2001-2010) auch ganz formell ihren Abschluss finden. Alle Mitgliedskirchen des ÖRK, aber auch Gemeinden und Friedensgruppen waren gebeten worden, auf diese beiden Erklärungen zu reagieren. Die EKD hat dies in Form von zwei Stellungnahmen getan, welche die klare Ausrichtung der Dokumente auf den Leitbegriff des gerechten Friedens würdigten. Wenn es dem ÖRK gelänge, diese Ausrichtung ökumenisch konsensfähig zu machen und damit die überkommene Lehre vom gerechten Krieg zu überwinden, so wäre dies ein Quantensprung in der christlichen Friedensethik und ein würdiger Abschluss der Dekade zur Überwindung von Gewalt.

Im Blick auf den im Jahr 2009 vorgelegten ersten Entwurf einer "Internationalen Ökumenischen Erklärung zum gerechten Frieden" begrüßt die EKD unter anderem folgende Aspekte und Grundgedanken:

Der biblisch bezeugte Friede (schalom/eirene) wird in dem Entwurf in großer Differenziertheit wahrgenommen. Zu Recht wird gesagt, dass und inwiefern Frieden anderes und mehr bedeutet als die bloße Abwesenheit von Kriegen und Gewaltanwendung. Vom biblischen Befund aus wird zu Recht der Gedanke des Friedens als einer

Gabe Gottes in den Vordergrund der Überlegungen gestellt. Es wird richtig gesehen: Friede ist nicht in erster Linie das, was Menschen bewirken können, sondern etwas, das Gott den Menschen schenkt. Als hilfreich beurteilt die EKD die differenzierten Ausführungen des ÖRK zu den nicht nur in der deutschen Sprache außerordentlich vieldeutigen Begriffen "Macht" und "Gewalt". Der Gedanke, dass der Gottesdienst Ursprung und Quelle des Friedens sei, aus dem die Kirche lebt und den sie wiederum in die Welt zu bringen versucht, entspricht den Ausführungen im zweiten Hauptteil der EKD-Friedensdenkschrift. Die Würdigung des besonderen Zeugnisses der historischen Friedenskirchen ist nicht nur friedensethisch bedeutsam, sondern kann auch dem Gespräch der Kirchen untereinander und miteinander nützlich sein. Das Beispiel des römisch-katholisch–mennonitischen Dialogs ist erfreulich. Die EKD teilt auch die Einsicht, dass es einen tiefen Zusammenhang von geistlicher Friedensorientierung und praktischer Arbeit für den Frieden gibt. Beachtlich und unterstützenswert ist ebenso der Hinweis auf die Notwendigkeit des Aufbaus gerechter Institutionen und Lebenswege zur Gewinnung eines gerechten Friedens. Der Gedanke der **Herzensbildung (soul-craft)** spielt auch in Kapitel 2.2 der EKD-Friedensdenkschrift von 2007 (Aus Gottes Frieden leben – für gerechten Frieden sorgen, Gütersloh 2007) eine große Rolle (Herzensbildung wird in der englischen Fassung der Denkschrift als "**formation of the heart**" bezeichnet). Er stellt eine wichtige Voraussetzung für die Heranbildung und Verwandlung von Charakter und Gewissen und für eine Erziehung und Bildung zum Frieden dar.

Neben diesen bedeutenden und gehaltvollen Punkten der Übereinstimmung gibt es freilich auch einige Anfragen und Kritikpunkte seitens der EKD. Ob die Gegenwart wirklich als "Kairos der Gnade" gesehen werden muss, ist strittig. Dass die Kirche ein "Sakrament des Friedens" sei, ist angesichts des protestantischen Sakramentsbegriffs zu hinterfragen. Auch die spekulativen Ausführungen zum innertrinitarischen Wesen Gottes sind zwar anregend, aber nicht unbedingt konsensfähig.

Der zweite Entwurf der Erklärung zum gerechten Frieden

Der zweite Entwurf der "Internationalen Ökumenischen Erklärung zum gerechten Frieden" wurde im Frühjahr 2010 vorgelegt. Er ist bedeutend kürzer als der erste Entwurf, da er als theologisch-geistliche Grundsatzerklärung verfasst wurde und von

Anfang an durch ein eher informatives und analytisches Begleitdokument[34] ergänzt werden sollte. Kurz vor Beginn der internationalen Ökumenischen Friedenskonvokation wurde eine dritte Fassung der Erklärung präsentiert, die inhaltlich mit der zweiten Fassung weitgehend übereinstimmt, aber sehr bewusst den Charakter eines Aufrufs ("claim") trägt.[35]

Entscheidend ist: Auch im zweiten und dritten Entwurf wird der friedensethische Quantensprung des ÖRK bestätigt. Wiederum reagiert die EKD deshalb grundsätzlich zustimmend und positiv. Insbesondere die für das Dokument zentrale Wegmetaphorik, das mit den Gedanken der "Wanderschaft" und der "Pilgerreise" eng verbunden ist, wird als hilfreich eingeschätzt. Gut ist auch, dass in diesem Entwurf sowohl das Verhältnis von Frieden und Gerechtigkeit als auch das Verhältnis von Frieden und Bewahrung der Schöpfung ausführlich thematisiert wird. Die große Herausforderung des Klimawandels für die Armutsbekämpfung wie auch für Sicherheit und Zusammenleben der Menschen wird dadurch angemessener und besser beschrieben als noch in dem Entwurf von 2009. Damit schließt die Erklärung deutlich an den Konziliaren Prozess der Achtzigerjahre an und betont die bleibende Evidenz von dessen Grundaussagen. Wichtige Anhaltspunkte für das praktische Handeln der Kirchen könnten sich aus dem Hinweis auf die Aufgabe der Christenheit, "Kulturen des Friedens" aufzubauen ergeben. Man kann dabei vielleicht an Entwicklungszusammenarbeit denken oder aber an zivile christliche Friedensdienste, die von einigen Kirchen gefördert werden. Besondere Beachtung verdient der in diesem Zusammenhang ausgesprochene Hinweis, die "Gaben der Frauen beim Friedenstiften" in den Blick zu nehmen. Verdienstvoll ist ferner, dass die Rolle der Religion bei der Legitimierung und bei der Überwindung von Gewalt eingehend thematisiert wird und auch das Versagen der Kirchen selbstkritisch benannt wird.

In dem Entwurf des ÖRK gibt es aus der Sicht der EKD aber auch einige Unklarheiten. So etwa bezüglich der Aussage, dass die "Bibel einen Lernprozess unter den Hebräern" widerspiegele. Spiegelt sie im Blick auf das Neue Testament nicht auch

---

[34] Dieses Dokument liegt seit dem 14.04.2011 in einer Entwurfsfassung vor: http://www.gewaltueberwinden.org/fileadmin/dov/files/iepc/resources/just_peace_companion_DE.pdf.

[35] Vgl. hierzu das Dokument: http://www.gewaltueberwinden.org/de/materialien/oerk-materialien/dokumente/erklaerungen-zum-gerechten-frieden/ein-oekumenischer-aufruf-zum-gerechten-frieden.html.

Lernprozesse innerhalb der Christenheit wider? Und ist das Ziel der Christenheit wirklich nur, "der Institution des Krieges grundsätzlich die Legitimität zu entziehen", oder ist nicht (mit Carl-Friedrich von Weizsäcker) das Ziel festzuhalten, diese Institution grundsätzlich zu überwinden? Unklar bleibt insbesondere der Abschnitt zur Frage der Legitimität und der Grenzen des Einsatzes von Gewalt "zum Schutz der Menschen". Hier weist die EKD auf das Kapitel 3.3 ihrer Friedensdenkschrift ("Grenzen rechtserhaltenden militärischen Gewaltgebrauchs") hin, das eine ausführliche Liste von Kriterien enthält, die im Falle des Nachdenkens über einen möglichen Einsatz militärischer Gewalt eine differenzierte friedensethische Prüfung erlauben sollen.

Mut machen, Sehnsucht wecken

Der geistliche Ausblick der Erklärung ("Ein Volk, dem die Sehnsucht in die Wiege gelegt ist") erinnert an ein Mut machendes Wort des französischen Schriftstellers Antoine de St. Exupéry: **"Wenn Du ein Schiff bauen willst, dann rufe nicht die Menschen zusammen, um Holz zu sammeln, Aufgaben zu verteilen und die Arbeit einzuteilen, sondern lehre sie die Sehnsucht nach dem großen, weiten Meer."** Solchen Mut zu machen und solche Sehnsucht zu wecken, das sind in der Tat ganz vorrangige Aufgaben der christlichen Kirchen. Und wer, wenn nicht der Ökumenische Rat der Kirchen, ist dasjenige Forum, in dem die Kirchen der Welt versammelt sind, um das Schiff des Friedens auf die große Reise durch das Meer der Zeit zu schicken?

"Wenn Menschen sterben wollen": Ethische Probleme im Umgang mit Suizid und Sterbehilfe

Am 10. November 2009 hat der Suizid der Fußballnationalspielers Robert Enke die deutsche Öffentlichkeit auf tragische Weise überrascht. Er hat Themen wie Tod, Sterben und Suizid, Depression, Selbstüberforderung und Verzweiflung auf die Tagesordnung der öffentlichen Debatte gesetzt. Er hat viele Menschen beschäftigt und ihnen dabei bewusst gemacht, dass der Tod uns alle angeht. Denn jeder muss am Ende sterben, so, wie wir alle einmal geboren wurden. Jeder Mensch lebt dabei sein Leben, und ebenso stirbt jeder Mensch seinen Tod. In der Sprache der Philosophie gesagt: "Keiner kann dem anderen sein Sterben abnehmen." (Martin Heidegger: Sein und Zeit, Tübingen 1. Aufl. 1927, S.240)

Martin Luther hat diese auch philosophisch evidente Tatsache einmal in folgende einprägsame Worte gefasst: "Wir sind allesamt zu dem Tod gefordert, und keiner wird für den anderen sterben, sondern jeder in eigener Person für sich mit dem Tod kämpfen. In die Ohren können wir wohl schreien, aber ein jeder muss für sich selbst geschickt sein in die Zeit des Todes: Ich werde dann nicht bei dir sein noch du bei mir."[36]

Wir alle werden sterben müssen – jeder für sich – jeder zu seiner Zeit; aber wann wird das geschehen? Vielleicht wichtiger noch: Wie, unter welchen Umständen? Auf welche Art und Weise?

Als Gemeindepfarrer in Frankfurt am Main war ich einmal Gast bei einem sehr rüstigen alten Herrn, der seinen 85. Geburtstag feierte. Er hatte groß eingeladen. In dem Bürgerhaus, in dem ich am Morgen seines Geburtstags eintraf, tummelten sich weit über hundert Personen: Familie, Freunde, Honoratioren. Es wurden Reden gehalten, es wurde musiziert, es wurde gegessen und getrunken. Am frühen Nachmittag schloss die Veranstaltung, der Jubilar verabschiedete jeden einzelnen seiner Gäste und ging dann selbst nach Hause. Dort goss er sich eine Tasse Kaffee ein, aß ein Stück Kuchen und schlief dann auf seinem Sofa friedlich ein. Sein 85. Geburtstag -

[36] Martin Luther: „Acht Sermone D. Martin Luthers, von ihm gepredigt zu Wittenberg in der Fastenzeit 9.-16. März 1522“, in: ders., *Ausgewählte Schriften*, hgg. von Karin Bornkamm und Gerhard Ebeling, Frankfurt am Main 2. Aufl. 1983, Bd. I, 271.

der Tag seines Todes. Ein so wunderbar abgeschlossenes, rundes Leben habe ich weder früher noch später jemals wieder erlebt. Eine Gnade, wem so zu sterben vergönnt ist.

Oft enden Menschenleben indes sehr viel weniger friedlich und schön. Manchmal enden sie viel zu früh, ein andermal sehr spät. Und wann kam der Tod schon jemals zum richtigen, zum passenden Zeitpunkt? Nicht immer kann man von den Sterbenden noch Abschied nehmen. Oft gehen Krankheit und Schmerzen dem Tod voraus. Manchmal wünschen Menschen sich deshalb den Tod. Manchmal legen sie sogar selbst Hand an, um ihn herbei zu führen. Wenn Menschen sterben wollen, kann es sein, dass sie versuchen, Suizid zu begehen. Oder dass sie andere bitten, ihnen beim Suizid zu helfen - etwa, weil sie selbst aus gesundheitlichen Gründen nicht mehr selbst in dieser Hinsicht handlungsfähig sind.

Eine begriffliche Vorbemerkung

Zunächst eine **begriffliche Vorbemerkung**: Im Folgenden ist synonym von "**Suizid**" oder "Selbsttötung" die Rede. Die sehr wahrscheinlich von Martin Luther[37] geprägte Rede vom "**Selbstmord**" ("sein selbs mörder" = seiner selbst Mörder) möchte ich vermeiden, weil sie rein begrifflich schon eine negative Wertung einschließt. Denn ein Mord hat die Konnotationen der Heimtücke und der niedrigen Gesinnung. Die von Friedrich Nietzsche im "Zarathustra" eingeführte Rede vom "**Freitod**" (freien Tod)[38] tendiert dagegen dazu, zu verharmlosen bzw. ein Euphemismus zu sein. Auch diesen Begriff werde ich daher nicht verwenden.

Mein Referenzpunkt in den folgenden Ausführungen ist der im Herbst 2008 in der Reihe der EKD-Texte als Nummer 97 veröffentlichte Beitrag des Rates der EKD "Wenn Menschen sterben wollen: Eine Orientierungshilfe zum Problem der ärztlichen

---

[37] Luther sah Selbstmörder als Personen an, die vom Teufel überwältigt worden seien. In dem schönen Luther-Film von Eric Till aus dem Jahr 2003 (mit Joseph Fiennes in der Titelrolle) wird aus Luthers gelegentlichen Aussagen zur Sache ein Nebenhandlungsstrang mit einem Selbstmörder gesponnen, den Luther angeblich beerdigt habe. Die Szene ist historisch nicht haltbar; jedoch sind Luthers Äußerungen im Film wohl nahe an seiner tatsächlichen Meinung zur Sache.

[38] Friedrich Nietzsche: Also sprach Zarathustra, in: ders.: Werke in sechs Bänden, Band III, München/Wien 1980, 333-336.

Beihilfe zur Selbsttötung", der auch im Internet erhältlich[39] ist. Ich gehe auf vier Aspekte des komplexen Problemfeldes ein. Erstens: Dürfen Christenmenschen **sich selbst das Leben nehmen**, also: Ist ihnen grundsätzlich der Suizid erlaubt? Zweitens: Dürfen Christen **möglichen Suizidanten helfen**, dürfen sie anderen Menschen Beihilfe zur Selbsttötung leisten? Drittens: Soll es **Ärzten rechtlich freigestellt** werden, Beihilfe zur Selbsttötung zu leisten? In einem abschließenden, vierten Teil will ich versuchen, die **praktische Haltung der Christen** zu Tod und Sterben so knapp und klar wie möglich zusammenzufassen.

I. Dürfen Christenmenschen sich selbst das Leben nehmen?

Das Leben ist aus christlicher Sicht **ein Geschenk, eine kostbare Gabe Gottes**. Deshalb ist das Leben immer wertvoll und lebenswert, auch wenn es endlich und zerbrechlich ist. Der Wert eines Menschenlebens ist freilich nicht quantitativ zu verstehen, weshalb etwa der Theologe Eberhard Jüngel lieber von der "Würde des befristeten Menschenlebens"[40] spricht. Der Begriff der Würde hat mindestens zwei Vorzüge: Er ist zum einen anschlussfähig an die säkulare Sprache unseres Grundgesetzes (Art. 1,1 GG), und er zieht zum anderen eine klare Grenze gegen eine mögliche Quantifizierbarkeit und somit "Verrechenbarkeit" des menschlichen Lebens. Die Würde ist etwas kategorial anderes als der Wert - nach Eberhard Jüngel ist sie deshalb, provokativ gesprochen, "wertlos". Würde gründet nach christlichem Verständnis in der Gottebenbildlichkeit des Menschen; sie ist einzigartig und gleichsam das "Alleinstellungsmerkmal" menschlichen Lebens.[41]

Wenn das menschliche Leben mit unantastbarer und unverwechselbarer Würde begabt ist, dann sollten Christenmenschen es nicht einfach leichtfertig durch einen Suizid beenden – auch nicht in Situationen des Leidens und der Ausweglosigkeit.

"Das Evangelium wirbt dafür, dass Menschen sich durch es bestimmen lassen in der eigenen Lebensführung, aber es zwingt nicht und hindert sie nicht daran, ihr Leben

---

[39] http://www.ekd.de/download/ekd_texte_97.pdf.

[40] Eberhard Jüngel: Meine Zeit steht in Deinen Händen: Zur Würde des befristeten Menschenlebens, Heidelberg 1997.

[41] Vgl. hierzu neuerdings in großer theologischer Präzision Wilfried Härle: Würde: Groß vom Menschen denken, München 2010.

anders zu begreifen und zu gestalten. Es beansprucht den Menschen in der Freiheit des eigenen Gewissens. Und man wird nicht die Augen verschließen dürfen davor, dass es verzweifelte Situationen und Lebenslagen gibt, die ein Außenstehender nicht ermessen kann. Auch wenn der unbedingt nötige Ausbau der Palliativmedizin vorangetrieben wird, können solche verzweifelten Lebenssituationen, in denen ein Mensch nur noch seinem Leben ein Ende machen möchte, nicht ausgeschlossen werden. Ein Urteil darüber steht niemandem zu." (Wenn Menschen sterben wollen, S.28)

Ein Problem freilich ist: Viele Jahrhunderte lang war der Suizid in der christlichen Kirche strengstens verboten. Der Kirchenvater **Aurelius Augustinus** (354-430 n. Chr.) hatte – im Gegensatz zu manchen Philosophen seiner Zeit, besonders Stoikern – die Selbsttötung für unerlaubt erklärt. Leben sei ein Geschenk Gottes, das man nicht einfach wegwerfen dürfe. Außerdem gelte das 5. Gebot "Du sollst nicht töten!" auch für einen selbst. Der Mainstream der christlichen Theologie folgte Augustinus bis in die Neuzeit hinein. Eine wirkungsgeschichtlich wichtige Zwischenstation bildete im Hohen Mittelalter **Thomas von Aquin** (1225-1274). Er nennt in seiner "Summe der Theologie" drei Gründe, warum man gegen den Suizid sein müsse: Zum einen sei ein Suizid nicht naturgemäß, sondern widernatürlich, da jedes Lebewesen von Natur aus sein Leben erhalten wolle; zum anderen vergehe man sich an der Gemeinschaft, da man Teil eines Ganzen sei und nicht nur sich selbst gehöre; schließlich sei das Leben – hierin folgt er ganz selbstverständlich Augustinus – ein Geschenk Gottes. Der Suizid war daher über viele Jahrhunderte als "Selbstmord" verpönt, noch Goethes Roman "Die Leiden des jungen Werthers" schließt mit dem bekannten Satz "Kein Geistlicher hat ihn [den unglücklichen Werther] begleitet." Im römisch-katholischen Kirchenrecht war die Selbsttötung noch bis ins 20. Jahrhundert hinein ein Ausschlussgrund für ein christliches Begräbnis.

Heute würden wir wohl in beiden großen Kirchen mehrheitlich sagen: Wenn ein Mensch in großem Leiden und in tiefster Verzweiflung sich das Leben nimmt, so ist dieser Suizid in jedem Falle sehr zu bedauern. Aber der Mensch, der ihn begangen hat, ist nicht zu verurteilen. Die jahrhundertelange theologische Denunziation des Suizids als aus christlicher Perspektive verbotener "Selbstmord" ist falsch und muss aufgegeben werden. Gleichwohl muss aus christlicher Sicht für das Leben geworben werden und Einsicht dafür geweckt werden, dass es dem christlichen Glauben entspricht, dem Kommen des Todes realistisch und gefasst entgegen zu sehen und ihn, wenn man ihn denn nicht zum Beispiel durch medizinische Maßnahmen und Heilbehandlungen abwenden kann, anzunehmen. Daher ist es auch angemessen, sehr alte und schwer kranke Menschen, bei denen eine Verbesserung ihres Gesundheitszustandes nicht erwartet werden kann, sterben zu lassen. Weil wir allzu oft nicht loslassen können, müssen wir das Sterben-Lassen lernen.

Jedes Jahr sterben in Deutschland aufgrund von Suiziden etwa so viele Personen, wie in einer mittleren Kleinstadt wohnen: 10.000 oder 11.000 Menschen[42]; es kommt eine gewisse Dunkelziffer hinzu. Die meisten tun dies wohl aus Verzweiflung und Depression. **Paul Tillich** (1886-1965) hat in seinem theologischen Hauptwerk, der "Systematischen Theologie", den Konnex von Entfremdung, Verzweiflung und Suizidgefährdung des Menschen ebenso tiefsinnig wie einfühlsam thematisiert.[43]

Der Präsident der Bundesärztekammer, Professor Dr. Jörg-Dietrich Hoppe, hat erst kürzlich erwähnt, dass etwa 95% aller an Ärzte gerichteten Bitten um Suizidbeistand von Patienten geäußert würden, die depressiv seien. Wenn deren Depression aber behandelt werde, hielten fast alle Patienten ihren Suizidwunsch nicht mehr aufrecht. (HAZ-Zentralausgabe vom 29.10.2010, S.14)

Die richtige Situationseinschätzung, Diagnose und Behandlung sind daher sehr wichtig – und mindestens ebenso wichtig ist die Suizid-Prävention, also die Wahrnehmung und Begleitung von Menschen im Vorfeld eines drohenden Suizids. In diesem Zusammenhang kommt der Seelsorge im Allgemeinen und der Telefonseelsorge im Besonderen eine wichtige Rolle zu. Aber auch über Internet wird längst schon Seelsorge praktiziert. Hier ist Suizid-Prävention sicherlich besonders schwierig zu praktizieren, weil das Medium Internet bekanntlich seine eigenen Gesetze und Tücken hat. Ebenso ist die qualifizierte Nachsorge von großer Bedeutung, wenn eine Person einen Suizid-Versuch überlebt hat. Immerhin stimmt es nachdenklich, dass jedenfalls die meisten Menschen (etwa zwei Drittel), die einen Suizidversuch überlebt haben, keinen zweiten mehr unternehmen.

---

[42] Laut Wikipedia (Stand: 6.11.2009) ist die Zahl der Suizide seit 1980 leicht rückläufig; 2007 habe sie bei 9.402 Personen gelegen. An der Größenordnung selbst ändert diese rückläufige Tendenz freilich nichts.

[43] Paul Tillich: Systematische Theologie, Bd. II, Stuttgart 1958, S.84f.

Insgesamt gilt: "Eine absolute Normierung im Sinne eines strikten Verbots des Suizids ist evangelischer Ethik nicht möglich."[44]

Etwas ausführlicher argumentiert: "In der Selbsttötung verneint der Mensch sich selbst. Vieles kann zu einem solchen letzten Schritt führen. Doch welche Gründe es auch sein mögen – keinem Menschen steht darüber von außen ein Urteil zu. Die Beweggründe und die Entscheidungsmöglichkeiten eines anderen bleiben ebenso wie eventuelle Auswirkungen einer Krankheit im letzten unbekannt. Für den Christen bedeutet die Selbsttötung eines anderen Menschen eine enorme Herausforderung: Er kann diese Tat im letzten nicht verstehen und nicht billigen – und kann dem, der so handelt, seinen Respekt doch nicht versagen. Eine Toleranz gegenüber dem anderen noch über das Verstehen seiner Tat hinaus ist dabei gefordert. Doch die Selbsttötung billigen und gutheißen kann der Mensch nicht, der begriffen hat, daß er nicht nur für sich lebt. Jeder Selbsttötungsversuch kann für ihn nur ein 'Unfall' und ein Hilfeschrei sein."[45]

Mein Fazit zu diesem Themenaspekt kann ich in den Titel einer bekannten Schrift fassen, die schon 1989 vom Rat der EKD und der Deutschen Bischofskonferenz gemeinsam herausgegeben wurde: "Gott ist ein Freund des Lebens". Das heißt nun freilich nicht, dass Menschen, die zum Entschluss kommen, nicht mehr weiterleben zu wollen, der Respekt versagt wird. Es heißt aber: Es ist eine vorrangige Aufgabe der Kirche, Menschen zum Leben zu ermutigen und ihnen Mut zu machen, **ihr eigenes Leben und Sterben als von Gott geschenktes, gewolltes, begleitetes und zum Ende hin geleitetes anzunehmen.**

II. Dürfen Christen möglichen Suizidanten helfen, dürfen sie Beihilfe zur Selbsttötung leisten?

An diesem Punkt ist die evangelische Kirche in Deutschland sowohl aus grundsätzlichen - die Aufgabe des Lebensschutzes und das 5. Gebot betreffenden - als auch aus besonderen historischen Gründen sehr zurückhaltend, weil in der Zeit des Natio-

---

44 Martin Honecker: Grundriß der Sozialethik, Berlin/New York 1995, 133.

45 Gott ist ein Freund des Lebens: Herausforderungen und Aufgaben beim Schutz des Lebens, hg. vom Kirchenamt der EKD und vom Sekretariat der Deutschen Bischofskonferenz, Gütersloh 1989, 107.

nalsozialismus ein grausames und schändliches so genanntes "Euthanasieprogramm" durchgeführt wurde, dem unzählige körperlich und geistig kranke Menschen, nicht zuletzt sehr viele Kinder, zum Opfer fielen. Sie wurden als "lebensunwertes Leben" oder als "unnütze Esser" deklariert und von den Nationalsozialisten ermordet. Die Kirchen protestierten seit Beginn des Zweiten Weltkrieges gegen solche Maßnahmen, etwa Landesbischof Theophil Wurm aus der Württembergischen Kirche, der später erster Ratsvorsitzender der EKD werden sollte (oder Bischof Galen auf der römisch-katholischen Seite).

Aber man muss zur Thematik bzw. zur hier vorgelegten Frage ja zunächst einmal durchaus unterschiedliche Fälle unterscheiden:

a) In aller Grundsätzlichkeit ist Menschen **das Töten anderer Menschen** nach dem Tötungsgebot (5. Gebot) des Dekalogs untersagt. Zwar war damit ursprünglich, also historisch gesehen, im alten Israel nur die hinterlistige und grausame Tötung anderer Menschen gemeint, doch wurde und wird der Sinn dieses Gebots im Kontext der christlichen Aufgabe umfassender Nächsten- und Feindesliebe immer genereller verstanden.

b) Die so genannte **"Euthanasie" als Tötung "lebensunwerten Lebens"**, wie sie im Dritten Reich praktiziert wurde, widerspricht aller "Ehrfurcht vor dem Leben" und ist absolut unmoralisch.[46]

c) Auch **"aktive Sterbehilfe"** (=Tötung auf Verlangen, zum Beispiel Verabreichen eines tödlich wirkenden Gifts auf Wunsch eines Patienten) wird aus evangelischer Sicht verworfen; dies entspricht jedenfalls in Deutschland auch dem geltenden Recht. Diesem zufolge ist die Tötung auf Verlangen ein Straftatbestand innerhalb der Tötungsdelikte. Er ist sowohl im deutschen Strafgesetzbuch (§ 216 StGB), wie auch im österreichischen (§ 77 StGB) und im schweizerischen (Art. 114 StGB) enthalten.

---

[46] Sowohl in der antiken Philosophie als auch im angelsächsischen Sprachraum wird der Begriff "Euthanasie" nicht in dem höchst problematischen Sinne verwendet, den wir aufgrund unserer spezifisch deutschen Perspektive im Blick haben. Dort kann auch Sterbehilfe oder Sterbebegleitung mit "Euthanasie" gemeint sein. Das bietet immer wieder Anlass für gelegentliche Missverständnisse, die über Sprachgrenzen hinweg geklärt werden müssen.

d) Davon wiederum zu unterscheiden ist die **"passive Sterbehilfe"**, bei der auf Therapie verzichtet oder diese begrenzt wird, worunter beispielsweise auch die Reduzierung oder das Absetzen der künstlichen Beatmung gefasst wird. Diese ist grundsätzlich rechtskonform, wenn der Patient seinen Willen etwa in einer Patientenverfügung ausdrücklich bekundet hat.

e) Schließlich gibt es die so genannte **"Sterbebegleitung"**, d.h. die Unterstützung und Begleitung eines Menschen im absehbaren oder begonnenen Sterbeprozess. Wahrgenommen wird sie von nahen Angehörigen, Pflegepersonal, Seelsorgern und Seelsorgerinnen, den "grünen Damen" im Krankenhaus und vielen anderen Personen, die mit einem sterbenden Menschen zu tun haben. Die Sterbebegleitung ist grundsätzlich erlaubt, ethisch problemlos und selbstverständlich straffrei.

Aus der Sicht gegenwärtiger evangelischer Theologie ist somit die "aktive Sterbehilfe" klar abzulehnen, und selbst die "passive Sterbehilfe" kann als ethisch problematisch bewertet werden. Der Titel der Schrift "Gott ist ein Freund des Lebens" ist ja Programm, ihm gemäß treten die Kirchen für das Leben ein (und nicht für den Tod). Und auch das Unterlassen ist ja eine Form von Handeln, die Konsequenzen hat und ethisch bewertet werden kann und muss. Das Leben und das Sterben eines Menschen und auch sein Sterben-Lassen sind somit aus christlicher Perspektive immer schon und vorrangig unter der Perspektive des Lebens zu betrachten; der Tod eines Menschen aber unter der Perspektive des ewigen Lebens.[47]

Daraus folgt ethisch:
"Von den anderen ist jeder Sterbende als der zu achten, der sein Sterben selbst lebt. Deshalb kann auch beim Sterben eines Menschen alle Hilfe nur Lebenshilfe sein. Die Hilfe im Sterben, derer der Betroffene angesichts der Einsamkeit des Todes bedarf, besteht folglich in intensiver Zuwendung und in bestmöglicher ärztlicher Versorgung und Pflege."[48]

---

[47] Niklas Luhmann folgend kommuniziert man genau dann im System der Religion, wenn man jeder positiven *und* jeder negativen Erfahrung *einen positiven Sinn* gegenüber stellt. Genau diese für Religion charakteristische Operation wird hier vollzogen: Der positiven Erfahrung des Lebens werden die (tendenziell eher) negativen Erfahrungen des Sterbens und des Todes zur Seite gestellt. All diesen Erfahrungen wird der positive Sinn "Leben in Fülle" (einschließlich des ewigen Lebens) gegenübergestellt.

[48] Gott ist ein Freund des Lebens: Herausforderungen und Aufgaben beim Schutz des Lebens, hg. vom Kirchenamt der EKD und vom Sekretariat der Deutschen Bischofskonferenz, Gütersloh 1989, 105.

III. Soll es Ärzten rechtlich freigestellt werden, Beihilfe zur Selbsttötung zu leisten?

Wenn Menschen sterben wollen und dies selbst nicht mehr herbeizuführen vermögen, wenden sie sich oft an andere Personen, die ihnen nahe stehen und bitten diese um Hilfe. Dabei ist danach zu unterscheiden, wer der in der jeweiligen Situation Angesprochene ist bzw. wer um Hilfe gebeten wird: Sind es Verwandte oder Freunde? Sind es Geistliche oder Psychologen? Sind es Ärzte bzw. ist es anderes medizinisches Fachpersonal? Die Rolle derjenigen, die hier angesprochen werden, ist ja durchaus unterschiedlich zu sehen. Deshalb fokussiert die EKD in ihrer Schrift aus dem Jahr 2008 "Wenn Menschen sterben wollen" auf eine ganz bestimmte Personengruppe, in diesem Fall **die Ärzte als leitend verantwortliches medizinisches Fachpersonal**.

Hier geht es demnach um den besonderen Status des Arztberufs. Dieser Beruf bewegt sich innerhalb geltender gesetzlicher Regelungen und Festlegungen. Darüber hinaus hat er wie jeder Beruf ein ihm eigenes Berufsethos. Ärzte haben, das ist ein Rechtstatbestand, eine besondere "**Garantenpflicht**"[49] gegenüber ihren Patientinnen und Patienten. Zudem entspricht es nicht nur gemäß dem so genannten "Hippokratischen Eid", sondern auch nach allgemeiner standes- und berufsethischer Konvention dem Beruf des Arztes, für die Heilung, Linderung und Begleitung im Krankheitsfalle zuständig zu sein. Zu seiner ärztlichen Aufgabe würde, wenn es ihm erlaubt wäre, Beihilfe zur Selbsttötung zu leisten, eben auch grundsätzlich die Möglichkeit zur Beendigung von Menschenleben gehören. Wie passt das zusammen? Worauf könnten Patienten sich im Blick auf den Arzt verlassen, wenn dem so wäre? Welche Folgen hätte dies für das Berufsbild des Arztes? Welche Vertrauensbasis würde zwischen Ärzten und Patienten bestehen bzw. gerade nicht mehr bestehen? Deshalb muss die Garantenpflicht des Arztes unverbrüchlich gelten. Und eben deshalb "... sollte das Recht in dieser Hinsicht so restriktiv wie möglich ausgestaltet werden." (Wenn Menschen sterben wollen, a.a.O., S.33)

Damit soll jedoch nicht der Beurteilungs- und Handlungsspielraum des Arztes im Einzelfall eingeschränkt werden. Im Gegenteil. Die **Einzelfallgerechtigkeit (Epikie)**

---

[49] Die Garantenpflicht bezeichnet im Strafrecht die Pflicht, dafür einzustehen, dass ein bestimmter tatbestandlicher Erfolg nicht eintritt, vgl. zum deutschen Strafrecht § 13 StGB. Sie ist im deutschen Strafrecht notwendige Voraussetzung für eine Strafbarkeit wegen Unterlassen, soweit es sich um ein so genanntes unechtes Unterlassungsdelikt handelt. Die verpflichtete Person heißt Garant. (Wikipedia, Stand: 6.11.2009).

ist vielmehr von herausragender Bedeutung. Aber man kann und darf aus Einzelfällen und Einzelfallentscheidungen niemals eine Regel machen. An diesem Punkt muss man **unterscheiden zwischen der individual- und der sozial- bzw. institutionsethischen Betrachtungsweise**. So kann jemand in individualethischer Perspektive der persönlichen Überzeugung sein, dass die Beihilfe zum Suizid keine mögliche Handlungsoption ist, und er kann gleichwohl aus Respekt vor dem Andersdenkenden dafür eintreten, dass jeder es damit halten können soll, wie er es für richtig hält, und dass folglich die Suizidbeihilfe rechtlich unter Straffreiheit gestellt werden sollte. Und es kann umgekehrt jemand in individualethischer Perspektive die Suizidbeihilfe im konkreten Einzelfall für vertretbar halten und gleichwohl gegen die rechtliche Liberalisierung der Suizidbeihilfe votieren aufgrund der Auswirkungen und Folgen, die er für diesen Fall befürchtet. Dies zeigt, dass nicht unmittelbar von der individualethischen Beurteilung der Suizidbeihilfe auf deren rechtliche Regelung geschlossen werden kann.[50]

Wenn Menschen sterben wollen, aber erst recht, wenn sie sehr schwer krank sind, aber (noch) nicht sterben wollen, müssen sie die unumstößliche Gewissheit haben, dass Ärzte ihnen aus rechtlichen und standesethischen Gründen nicht Beihilfe zur Selbsttötung leisten dürfen. Diese grundsätzliche Klarheit ist für alle Seiten orientierend und wichtig. Dies gilt umso mehr in einer Situation, in der neben den existenziellen auch ökonomische Aspekte immer mehr in den Vordergrund treten und kommerzielle Interessen und Begehrlichkeiten im Blick auf die so genannte "Sterbehilfe" erkennbar werden.

Kommerziell orientierte so genannte **"Sterbehilfeorganisationen"** wie "Exit" und "Dignitas", die beide in der Schweiz beheimatet sind, aber Büros auch in anderen europäischen Ländern eröffnet haben, tragen dazu bei, die Angst vieler Menschen vor dem qual- und leidvollen Sterben zu einem Marktsegment zu machen und bieten

[50] Die Unterscheidung zwischen individual- und sozial- bzw. institutionsethischer Perspektive ist auch in anderen Bereichen von Bedeutung, etwa im Fall der Kriegsdienstverweigerung. Wer für sich selbst ausschließt, Wehrdienst zu leisten, der muss deshalb nicht zwingend die Bundeswehr ablehnen. Man kann individualethisch gesehen Pazifist sein, ohne diese moralische Position allen Staatsbürgern (oder auch allen Christen) abverlangen zu müssen. Und umgekehrt: Wer grundsätzlich die Notwendigkeit einer militärischen Verteidigung bejaht und auch selbst bereit ist, als Soldat zu dienen, kann durchaus anderen zugestehen, aufgrund ihres Gewissens den Wehrdienst zu verweigern. Mit der Aussetzung der Wehrpflicht im Jahr 2011 ist diesbezüglichen Entscheidungsfragen zwar für den Einzelnen eine gewisse Dramatik genommen. Die ethische Fragestellung als solche besteht für Christenmenschen aber weiterhin.

gegen Geld die Beihilfe zum Suizid als Dienstleistung an. Auch werden Mechanismen und Maschinen zur Selbsttötung vorgestellt und angeboten. Über das Internet sind so genannte "Exit-Bags" erschwinglich, die einen humanen "Tod aus der Tüte" versprechen. Man nimmt Betäubungsmittel ein und schlingt sich eine Plastiktüte um den Kopf. Ein solcher Tod geschehe, so die Aussage der Anbieter der "Exit Bags", rasch und praktisch schmerzfrei.

Vor dem Hintergrund derartiger Entwicklungen ist zum einen rechtliche Klarheit gefordert. Diese muss den Auftrag der Ärzte einschließen, aber auch auf ein Verbot der geschäftsmäßigen Vermittlung von Gelegenheiten zur Selbsttötung und damit auf ein Verbot der Tätigkeit von Sterbehilfeorganisationen abzielen. Zum anderen ist theologische und ethische Klarheit erforderlich: Was denken Christen im Blick auf Tod und Sterben? Was ist ihre Haltung und Antwort, wenn Menschen sterben wollen und/oder müssen?

IV. Was tun? Christenmenschen im Umgang mit Tod und Sterben

Was können und sollen Christenmenschen tun im Blick auf den Tod und das Sterben? Insbesondere: Wie sollten sie damit umgehen, dass es unter uns Menschen gibt, die sterben wollen und andere womöglich darum bitten, ihnen dabei im Sinne eines assistierten Suizids zu helfen?

Im späten Mittelalter entstand eine Literaturgattung[51], die sich "**Ars moriendi**" nannte, auf Deutsch: "Die Kunst des Sterbens". An sie anknüpfend, verfasste Martin Luther im Jahr 1519 in ganz und gar seelsorglicher Absicht seinen **"Sermon von der Bereitung zum Sterben".** In dieser kleinen Schrift finden sich wichtige Gesichtspunkte, die auch heute noch für unseren Umgang mit Tod und Sterben Geltung beanspruchen können. Ganz allgemein kann man sagen: Nach Luther ist der Tod ein doppelter Abschied von dieser Welt. Er hat eine gleichsam "leibliche" und eine "geist-

[51] Diese Literaturgattung entsprach einem im späten Mittelalter weit verbreiteten Lebensgefühl. Die Zeit damals war mit Blick auf Kriege, Hungersnöte und Seuchen geprägt von einer großen Angst vor einem "schlimmen Tod" und im Umkehrschluss von einer tiefen Sehnsucht nach einem "guten Tod". Außer den sakramentalen Gnadenmitteln nahm man unter anderem auch Zuflucht bei Heiligenbildchen, denen man Zauberkraft zutraute; der heilige Christophorus wurde in diesem Zusammenhang besonders hoch geschätzt. Vgl. hierzu Horst Fuhrmann: Überall ist Mittelalter: Von der Gegenwart einer vergangenen Zeit, München 1996, 205-224.

liche" Dimension. Mit der leiblichen Dimension des Abschieds beginnt der "Sermon von der Bereitung zum Sterben" ganz schlicht, prosaisch und weltlich, indem er festhält: "Zum ersten. Weil der Tod ein Abschied ist von dieser Welt und all ihrem Treiben, ist es nötig, daß der Mensch sein zeitliches Gut ordentlich verteile..."[52].

Luther will damit sagen: Macht ein **Testament**, damit es keinen Streit um euer Erbe gibt, wenn ihr einmal nicht mehr da seid. An dieser Stelle, wo von rechts-relevanten Regelungen die Rede ist, könnte man aus heutiger Sicht ergänzen: Fertigen Sie eine **Patientenverfügung** an, damit möglichst klar dokumentiert ist, wie Sie im Falle einer schweren, unheilbaren Krankheit, im Falle eines sich über längere Zeit hin erstreckenden Komas oder unter anderen Umständen am voraussichtlichen Ende Ihres Lebens behandelt werden möchten. Eine Hilfestellung dazu bietet die 1999 erstmals in ökumenischer Gemeinsamkeit erarbeitete "Christliche Patientenverfügung". Diese befindet sich zurzeit, nach der aktuellen Beschlussfassung des Deutschen Bundestages zur Verbindlichkeit von Patientenverfügungen in seinem am 01.09.2009 in Kraft getretenen Patientenverfügungsgesetz, in der Überarbeitung. Eine Neuauflage ist in Vorbereitung, wird voraussichtlich noch in diesem Jahr erscheinen.[53] Ebenso ist, in Ergänzung zur Patientenverfügung, die Anfertigung einer "**Vorsorgevollmacht**" ratsam, die klarstellt, welche Betreuungsperson für den "Fall der Fälle", also den Fall der Nichteinwilligungsfähigkeit, vorgesehen ist.

Sofern das Lebensende von schwerer Krankheit und großen Schmerzen überschattet wird, ist es aus christlicher Sicht notwendig, alles nur erdenklich Mögliche zu tun, um die Schmerzen zu lindern und den Abschied zu erleichtern. Deshalb setzt sich die EKD für den weiteren Ausbau der **Palliativmedizin** und die Errichtung von **Sterbehospizen** ein, wo todkranke und sterbende Menschen Schmerzlinderung sowie eine liebevolle und würdige Begleitung erfahren können. Niemand soll unzumutbare Schmerzen aushalten müssen, jeder Mensch soll auf seinem letzten Weg Freundlichkeit und Zuwendung erfahren können.

---

52 Martin Luther: „Ein Sermon von der Bereitung zum Sterben" (1519), in: ders., *Ausgewählte Schriften*, hgg. von Karin Bornkamm und Gerhard Ebeling, Frankfurt am Main 2. Aufl. 1983, Bd. II, 15-34, dort 16.

53 Die "Christliche Patientenvorsorge" ist zu Beginn des Jahres 2011 in einer neuen, dem seit 1. September 2009 geltenden Recht angemessenen Fassung als Publikation Nr. 20 in der Reihe "Gemeinsame Texte" erschienen. Als Herausgeber zeichnen die Deutsche Bischofskonferenz, der Rat der Evangelischen Kirche in Deutschland und weitere Mitglieds- und Gastkirchen der Arbeitsgemeinschaft Christlicher Kirchen in Deutschland.

Nach Luther – und hier ist er ein echter Vertreter der klassischen "Ars moriendi" – müssen Menschen sich aber auch und sogar vor allem auf ihren **geistlichen Abschied** sorgsam vorbereiten. Dazu gehört, so der Reformator, auf die Stimme des Evangeliums zu hören und die heiligen Sakramente hoch zu achten. Wer im Sterben liegt, der soll sich an seine Taufe erinnern, kraft derer er mit Christus verbunden ist. Er soll in der Bibel lesen oder vorgelesen bekommen. Geistliche Lieder können die Sterbenden trösten und stärken.[54] Wenn es möglich ist, ihnen ein Hausabendmahl zu spenden, so soll dies geschehen. Eine Beichte, ein letztes seelsorgliches Gespräch kann ein großer Trost beim Sterben sein. (In der römisch-katholischen Kirche ist zusätzlich das Sakrament der "Krankensalbung" von Bedeutung.) Deshalb sagt Luther in seinem Sermon, man solle:
"(...) ja zusehen mit allem Ernst und Fleiß, daß man die heiligen Sakramente hoch achte, sie in Ehren halte, sich frei und getrost darauf verlasse und sie gegen Sünde, Tod und Hölle so in die Waagschale werfe, daß sie weit darüber ausschlagen."[55]

Ferner schreibt Luther:
"Zum achtzehnten soll kein Christenmensch an seinem Ende daran zweifeln, daß er nicht allein sei in seinem Sterben. Sondern er soll gewiß sein, daß nach der Aussage des Sakraments auf ihn gar viele Augen sehen. Zum ersten Gottes selber und Christi, weil er seinem Wort glaubt und seinem Sakrament anhängt; danach die lieben Engel, die Heiligen und alle Christen (...) Wenn aber Gott auf dich sieht, so sehen ihm nach alle Engel, alle Heiligen, alle Kreaturen; und wenn du in dem Glauben bleibst, so halten sie alle die Hände unter. Geht deine Seele aus, so sind sie da und empfangen sie, du kannst nicht untergehen."[56]

Daraus folgt für die christliche Kirche, dass sie **die Todkranken und Sterbenden seelsorglich begleiten** muss. Jeder, der auf seinem letzten Weg Trost und geistliche Hilfe braucht und der nach Hoffnung dürstet, der soll diese Hilfe, jenen Trost und solche Hoffnung erfahren können. **Wenn Martin Luther Recht hat, dann ist aber**

---

[54] Als meine Urgroßmutter in sehr hohem Alter ihren Tod kommen spürte, bat sie mich, ihr das Weihnachtslied "Lobt Gott, ihr Christen alle gleich" (EG 27) vorzusingen. Ich tat dies, wunderte mich indes, da wir gerade erst das Osterfest hinter uns hatten. Aber der Schlüssel lag in der sechsten Strophe des Liedes, in welcher vom "Cherub" die Rede ist, der dank Christus nicht mehr vor der verschlossenen Himmelstüre stehe. Meine Urgroßmutter wusste, dass nun der Himmel für sie offen stand.

[55] Martin Luther: „Ein Sermon von der Bereitung zum Sterben“, a.a.O., 17.

[56] Ebd., 30f.

auch und vor allem Gott selbst bei den Sterbenden. Mit seinen Engeln und Heiligen zusammen ist er da und fängt die Seelen der Sterbenden auf. So kann niemand verloren gehen.

Vor diesem Hintergrund fasse ich zusammen: **Nach Gottes Willen geht niemand verloren!** Sondern alle Menschen sind für das Leben bestimmt und sollen das Geschenk des Lebens empfangen: Leben in Fülle. Das ist ein Grund zur Freude für Christen und Christinnen – und ein Fundament, auf dem man sein Leben bestehen und sein Sterben annehmen kann. **Selbst dann, wenn Menschen sterben wollen oder sterben müssen, blüht ihnen aus Gottes Gnade das Leben.**

"Du bist für deine Rose verantwortlich!" Was die EKD zu den Themen Liebe, Ehe, Partnerschaft sagt

Vom französischen Dichter Antoine de Saint-Exupéry stammt die bekannte Fabel vom kleinen Prinzen. In ihr erzählt er, wie ein "kleiner Prinz" aus dem Weltall seinen Heimatplaneten verlässt und die von ihm geliebte Rose dort zurücklassen muss. Auf der Erde lernt er einen Fuchs kennen, der ihm vom Geheimnis der Liebe erzählt. Alles Wesentliche, so der Fuchs, sei für die Augen unsichtbar. Man sehe nur mit dem Herzen gut. Und im Blick auf die so weit entfernte Rose sagt der Fuchs zum Prinzen: **"Du bist zeitlebens für das verantwortlich, was du dir vertraut gemacht hast. Du bist für deine Rose verantwortlich."** Wer Liebe wagt, so die Botschaft des Dichters, der trägt immer schon Verantwortung für die geliebte Person. Das ist eine zutiefst christliche Einsicht. Denn wer Beziehungen wagt, muss Verantwortung tragen. Vielleicht kann die Geschichte des kleinen Prinzen symbolisch das zusammenfassen, was die Evangelische Kirche in Deutschland aktuell zur Thematik der familiären Beziehungen und der Liebesbeziehungen zu sagen hat.

Menschen als Beziehungswesen

Wir Menschen sind Beziehungswesen. Dabei ist die grundlegende Beziehung unseres Lebens die Beziehung Gottes zu uns. Er schenkt uns das Leben und lässt uns mit Leib und Seele Mensch sein. Er hat uns Würde geschenkt, und diese Würde teilen wir mit allen anderen Menschen. Beziehungen können wir mit Menschen unserer eigenen Generation (synchrone Beziehungen) pflegen, ebenso auch mit Menschen aus Generationen vor uns und mit Menschen aus nachfolgenden Generationen (diachrone Beziehungen). Sofern wir selbst Eltern von Kindern werden, eignet uns Generativität – ein Sonderfall bei diachronen Beziehungen. Ehen und Familien sind spezielle Fälle von personalen Beziehungen bzw. Beziehungsnetzen und unterscheiden sich von anderen Personenverbindungen wie zum Beispiel Wohngemeinschaften oder Schulklassen durch (1) die häufig vorliegende biologische Verwandtschaft, (2) oft, aber nicht immer vorzufindende Generativitätsrelationen, (3) ein rechtsverbindlich geordnetes Zusammenleben der betroffenen Personen. In Familien und Ehen verknüpfen sich somit biologische, soziopsychologische und rechtliche Relationen mit einem Ethos der Verantwortlichkeit.

Im Jahr 2002 äußerte sich die EKD-Synode ausführlich zur Familienthematik: "Die Evangelische Kirche setzt sich dafür ein, dass in allen Bereichen der Gesellschaft **Leben in Beziehungen** und in Gemeinschaft ermöglicht, gestärkt und gefördert wird. Schon die Tatsache, dass wir als Kinder unseren Eltern, als Frauen und Männer einander zugeordnet sind, zeigt, dass wir ohne Beziehungen gar nicht leben können. Zu diesen elementaren Formen der Beziehung gehören Liebe, Erotik und Sexualität, der achtsame Umgang miteinander und die leidenschaftliche Lust aneinander. Die Evangelische Kirche tritt vor allem ein für die elementaren Beziehungen zwischen Mann und Frau in der Ehe, zwischen Eltern und Kindern in der Familie. Sie unterstützt Freundschaften und Partnerschaften im privaten Bereich und Gemeinschaftsformen in der Gesellschaft, die ein Leben in verlässlichen Beziehungen ermöglichen. Sie unterstützt alles, was der Freude aneinander, der gegenseitigen Achtung dient. Wo Menschen diese Achtung versagt und ihre Ehre verletzt wird, sind alle aufgerufen, zu ihnen zu stehen und sich schützend vor sie zu stellen."

Kaum jemand wird diesen Aussagen widersprechen. Schaut man jedoch genauer hin, öffnen sich im gegenwärtigen gesellschaftlichen und kirchlichen Diskurs einige Konfliktfelder in diesem Themenkreis. Zwei von ihnen möchte ich hier kurz darstellen. Gestritten wird in Kirche und Gesellschaft einerseits darüber, was in der Gegenwart unter "Familie" und "Ehe" zu verstehen sei, andererseits über die Frage, wie sich die Kirche zum Thema "Homosexualität" positionieren soll.

Das Konfliktfeld "Familie und "Ehe"

Wenn das Grundgesetz in Artikel 6 (1) den besonderen Schutz von Ehe und Familie als staatliche Aufgabe nennt, definiert es beide Begriffe an dieser Stelle nicht und klärt auch nicht deren Verhältnis. So stellt sich die Frage: Wie kann man das Wort "Familie" definieren? Gilt etwa noch der Leitsatz der EKD-Kammer für Ehe und Familie aus dem Jahr 1997: "**Kinder konstituieren Familie**"? Diesen Satz hatte die Kammer formuliert, aber der Rat der EKD konnte ihm nicht uneingeschränkt zustimmen. Denn kann ein kinderloses Ehepaar nicht auch als Familie gelten? Und ist Familie wirklich nur dort, wo es in einem Beziehungsgefüge Kinder gibt? Oder ist Familie nicht auch da, wo etwa Angehörige bei einem alten oder kranken Menschen eine Pflegeaufgabe wahrnehmen – mag es sich dabei um eine Eltern-Kind-Beziehung handeln oder nicht? Das seit dem Jahr 2000 in Geltung stehende Lebenspartnerschaftsgesetz, das sich auf homosexuelle Paare bezieht, eröffnet zudem rechtlich gesehen neue Formen von Familienbeziehungen, die zuvor so nicht denkbar waren.

Für die römisch-katholische Kirche ist klar: Man muss die Familie von der Ehe her denken, denn die Ehe ist ein Sakrament. Die eher nüchterne protestantische Sichtweise von der Ehe als "weltlich Ding" (Luther) legt die umgekehrte Denkrichtung nahe, ohne dies zu dogmatisieren: Ehen sollten im Dienste des Familienlebens stehen. Die Anwesenheit von Kindern ist dabei kein notwendiges, wohl aber ein heuristisches Kriterium zur Identifizierung familiärer Strukturen.

Das Konfliktfeld "Homosexualität und Kirche"

Heftig gestritten wird in der Kirche (weniger in der Gesellschaft) auch über den Stellenwert und die (moralische) Bewertung homosexueller Partnerschaften. Dies gilt besonders seit der erwähnten Einführung des Rechtsinstituts der "eingetragenen Lebenspartnerschaften". Bereits im Jahr 1996 veröffentlichte der Rat der EKD eine Orientierungshilfe zum Thema "Homosexualität und Kirche". Diese Schrift bietet eine differenzierte theologische Argumentation zum Thema. Sie stellt unter anderem folgende Gedanken zur Diskussion:

- Im biblischen Gesamtzeugnis ist Homosexualität ein Nebenthema, und in der Verkündigung Jesu spielt sie keine Rolle.
- Dort, wo sie in der Bibel vorkommt, wird sie kritisch betrachtet, weil das biblische Menschenbild auf ein "klassisches" Konzept von Ehe und Familie hingeordnet ist.
- Für die Praxis bedeutet dies nicht, dass Christenmenschen die biblische Sicht der Homosexualität in jeder Hinsicht übernehmen müssen. So ist etwa die Zulassung homosexuell lebender Menschen zum Pfarramt in Einzelfällen möglich.
- Die Segnung einer homosexuellen Partnerschaft kann nicht zugelassen werden. In Betracht kommt nur die Segnung von Menschen.

- Homosexuell geprägte Menschen können den kirchlichen Segen für ihr Leben erbitten als Menschen, die allein oder in einer gleichgeschlechtlichen Lebensgemeinschaft ***ethisch verantwortlich leben***.

Bereits im Jahr 1997 führte die Nordelbische Kirche entgegen der Empfehlung des Rates der EKD die Möglichkeit einer gottesdienstlichen Segnung für homosexuelle Paare ein; bis heute (2011) sind ihr acht weitere Landeskirchen gefolgt, so dass an diesem Punkt die EKD nahezu geteilt ist. Das ist ein großes Problem für die Außenwahrnehmung der evangelischen Kirche in unserem Land. Denn es ist in unserer Gesellschaft nicht plausibel zu vermitteln, dass ein homosexuelles Paar zwar in Frankfurt am Main gottesdienstlich gesegnet werden kann, aber nicht in Hannover. Die Frage ist, ob hier eine ethische oder kirchliche Schizophrenie begegnet. Auf jeden Fall belegt die Teilung ein Dilemma. Dieses Dilemma wird auch an einem weiteren Gegenstand kontroverser kirchlicher Diskussion sichtbar, nämlich an der Frage, ob homosexuelle Paare in Pfarrhäusern zusammen leben dürfen. Bisher haben die evangelischen Landeskirchen diese Frage durchaus unterschiedlich beantwortet. Aber warum soll es denn unmöglich sein, dass Menschen in gleichgeschlechtlichen Partnerschaften achtsam miteinander umgehen und ethisch verantwortlich miteinander leben? Und wenn man es für möglich hält, warum hält man dann in einer "Kirche der Freiheit" (wie die EKD sich nicht erst seit der Veröffentlichung der gleichnamigen Schrift aus dem Jahr 2006 versteht) nicht Räume der Freiheit für solche Lebensformen vor?

Verbindlichkeit, Verlässlichkeit, Verantwortung

Das im Jahr 2010 von der EKD verabschiedete neue einheitliche Pfarrerdienstrecht lässt den einzelnen Kirchen und Gemeinden im Blick auf das Zusammenleben in Pfarrhäusern ganz bewusst einen Entscheidungsspielraum. Dabei werden als die wesentlichen Maßstäbe für das familiäre Zusammenleben von Pfarrern und Pfarrerinnen ausdrücklich **Verbindlichkeit**, **Verlässlichkeit** und gegenseitige **Verantwortung** genannt. Damit ist nicht mehr zwingend die Festlegung auf ein traditionelles Familienleitbild oder ein heterosexuelles Verständnis von Partnerschaft und Ehe verbunden. Daher protestieren theologisch konservative Kreise teilweise vehement gegen das neue Dienstrecht. Die Debatte ist offensichtlich noch nicht beendet. Dabei spielt doch etwa das Homosexualitätsthema in der Bibel eine Nebenrolle und kommt in der Verkündigung Jesu gar nicht vor, wie wir oben sahen.

Die Parameter der Verbindlichkeit, Verlässlichkeit und Verantwortlichkeit auf das komplexe Themenfeld "Liebe, Ehe und Partnerschaft" anzuwenden, ist eine Aufgabe, der sich der Rat der EKD in den kommenden Jahren erneut stellen will. Er hat daher Prüfaufträge an Beratungsgremien wie Kammern und Kommissionen erteilt. Wenn erste Beratungsergebnisse vorliegen, wird sich zeigen, ob sie dem Standard des "Kleinen Prinzen" genügen und **das Geheimnis der Liebe** wahren, ohne den **Grundsatz der Verantwortlichkeit** aufzugeben: Alles Wesentliche ist für die Augen unsichtbar. Man sieht nur mit dem Herzen gut. Und jeder Mensch ist für die Rose, die er sich gewählt hat, verantwortlich.

II. Predigthilfen

Die Frucht der Gerechtigkeit säen.
Gedanken zur Auslegung von Jakobus 3, 13-18

Für Hermann Barth zum 65. Geburtstag am 12. November 2010[57]

Predigttext: Jakobus 3, 13-18
"13 Wer ist weise und klug unter euch? Der zeige mit seinem guten Wandel seine
Werke in Sanftmut und Weisheit. 14 Habt ihr aber bittern Neid und Streit in eurem
Herzen, so rühmt euch nicht und lügt nicht der Wahrheit zuwider. 15 Das ist nicht die
Weisheit, die von oben herabkommt, sondern sie ist irdisch, niedrig und teuflisch. 16
Denn wo Neid und Streit ist, da sind Unordnung und lauter böse Dinge. 17 Die Weisheit aber von oben her ist zuerst lauter, dann friedfertig, gütig, lässt sich etwas sagen, ist reich an Barmherzigkeit und guten Früchten, unparteiisch, ohne Heuchelei.
18 Die Frucht der Gerechtigkeit aber wird gesät in Frieden für die, die Frieden stiften." (Lutherübersetzung)

1. Annäherungen an eine randständige Schrift

Eine "stroherne Epistel" hat einst Martin Luther den Jakobusbrief genannt. Er verbannte ihn an den Rand des Kanons und übte heftig an ihm Kritik. Das machte mir in früheren Zeiten nicht sehr viel Lust, diesen Brief zu lesen. Zumal Luthers Begründung mir immer stichhaltig zu sein schien: Dieser Brief *treibt nicht Christum*, das heißt, er treibt oder führt uns nicht zu Christus hin. Luthers Argumentation hierzu:

"Auch ist das der rechte prufesteyn alle bucher zu taddelln, wenn man sihet, ob sie Christum treyben, odder nit, Syntemal alle Schrifft Christum zeyget Ro. 3. unnd Paulus nichts denn Christum wissen will .1. Cor. 2. Was Christum nicht leret, das ist nicht

57 Präsident Dr. Hermann Barth, der am 12.11.2010, also während der FriedensDekade 2010, seinen 65. Geburtstag feierte, war von 1985 bis 1993 im Kirchenamt der EKD für Friedensfragen und die Ökumenische FriedensDekade zuständig. Im gleichen Zeitraum war er der Geschäftsführer der Kammer für Öffentliche Verantwortung der EKD.

Apostolisch, wens gleich Petrus odder Paulus leret, Widerumb, was Christum predigt, das ist Apostolisch, wens gleych Judas, Annas, Pilatus und Herodes thett." (Martin Luther 1522, WA DB 7, S.384)

Noch Willi Marxsens "Einleitung in das Neue Testament", die ich in meinem Studium las, schrieb Luthers Kritik 1:1 fort. Jürgen Roloff (2000) hingegen hält das negative Urteil für "dringend revisionsbedürftig". Wie auch immer, bis vor kurzem hatte ich die "stroherne Epistel" nur ein einziges Mal in meinem Leben im Ganzen gelesen. In meinen theologischen Prüfungen und in verschiedenen beruflichen Kontexten spielte sie nie eine Rolle.

Andererseits begegneten mir immer wieder einmal einzelne Verse aus dem Jakobusbrief, die mir durchaus gefielen. Etwa der wegen seiner Bescheidenheit für die christliche Lebenspraxis sehr taugliche Satz: "Des Gerechten Gebet vermag viel, wenn es ernstlich ist." (Jakobus 5, 16b). Oder aber die feine weisheitliche *Conditio Jakobi*: "Wenn der Herr will, werden wir leben und dies oder das tun" (Jakobus 4,15).[58] Ja, wir Menschen mögen wie der Rauch sein, der rasch am Horizont verschwindet (Jakobus 4,14), wenn aber Gott will, dass wir in unserem Leben etwas ganz Bestimmtes erreichen, dann wird uns dies mit seiner Hilfe auch gelingen.

Schließlich behauptete vor einigen Jahren ein mutiger evangelischer Prediger mit sehr guten, am Text entwickelten Gründen von einer Berliner Kanzel aus: "Es lohnt sich, den Jakobusbrief im Ganzen zu lesen. Und er ist nicht lang!"[59] Das ist wohl wahr, lang ist dieser Brief nicht. Ob strohern oder gehaltvoll, muss sich im Spannungsfeld von Lektüre und Lebenspraxis erweisen.

2. Einleitungsfragen: Autor, Zeit, Ort, Gattung, Sachkritik

Die pseudepigraphe Schrift wurde über viele Jahrhunderte als Zeugnis des **Jakobus**, also des leiblichen Bruders Jesu, verstanden, der in der Jerusalemer Urgemeinde bald nach Jesu Tod in eine Leitungsfunktion hineinwuchs und im Jahr 62 nach Christus auf Befehl des damaligen Hohenpriesters durch Steinigung getötet wurde. Der

[58] In anderer Fassung: So der Herr will und wir leben, werden wir dies oder das tun.

[59] Präsident Dr. Hermann Barth am 10. Februar 2008 im Berliner Dom, vgl. http://www.ekd.de/predigten/barth/080210_barth_berlin.html.

Mainstream der heutigen Forschung, dem ich mich hier anschließe, schreibt den Brief nicht dem Jakobus zu. Denn der historische Jakobus war, soweit wir dies wissen, ein rigoroser *Nomist*, also tief verankert in der Tradition des gesetzestreuen Judenchristentums; der Verfasser des Jakobusbriefes ist dagegen ein an der Gerechtigkeitsfrage orientierter *Moralist*. Auch sprach der Autor des Briefes ein so *vorzügliches Griechisch*, dass dies laut Vielhauer seine Muttersprache gewesen sein müsse. Zwar gibt es eine gewisse Nähe zu einzelnen Elementen der Jesustradition, aber eine besondere Verbindung zu Jesu Werk oder Leben ist nicht erkennbar. Die schmale Theologie, die der Jakobusbrief bietet, scheint am ehesten verwandt mit der des Matthäusevangeliums, mit dem Hebräerbrief, mit dem 1. Petrusbrief und dem 1. Johannesbrief. Ist schon die Verfasserfrage unklar und letztlich wohl unbeantwortbar, so gilt dies erst recht für die Frage nach dem Abfassungsort. Heiße Kandidaten dafür sind Syrien und Antiochia; aber Genaueres weiß man nicht. Für die Abfassungszeit wird man nach allgemeiner Auffassung nicht fehlgehen, wenn man die Zeit um 100 nach Christus annimmt.

Eine forschungsgeschichtlich bedeutsame Zäsur stellt die Auslegung des Jakobusbriefes durch **Martin Dibelius** zu Beginn des 20. Jahrhunderts dar. Seine These war, der Brief sei seiner Gattung nach durchgängig als *"Paränese"* (Mahnung, Ermahnung) anzusprechen, genauer gesagt, es liege in ihm eine Sammlung von Mahnsprüchen und Mahnreden vor, die locker miteinander verbunden seien. Ihm folgt noch Vielhauer. Burchard spricht demgegenüber von einem "Mahnbrief" (ist das aber wirklich etwas ganz anderes?), Peters betont, der Brief enthalte zwar Paränese, gehe aber in dieser Form nicht auf. Strecker nennt ihn ein "Traktat", Hoppe hält die Gattung "weisheitlicher Lehrbrief" für zutreffend. Er sieht insofern etwas Richtiges, als die Weisheitstradition bei Jakobus eine nicht geringe Rolle spielt. In der Summe wird man wohl sagen können, dass hier ein **weisheitlicher Text mit zahlreichen paränetischen Elementen** vorliegt, der sich mit dem Matthäusevangelium, aber auch mit der Jesus-Tradition berührt.

Luthers Kritik am Jakobusbrief macht sich im Kern daran fest, dass diese Schrift zum Gesetz und seinen Werken hintreibe und von Christus wegführe. Luther sieht einen unüberwindlichen (kontradiktorischen) Widerspruch zwischen den Aussagen des Jakobusbriefes und der zentralen These des Apostels Paulus, der zufolge der Mensch nicht durch Werke des Gesetzes gerecht wird, sondern "allein durch Glauben" (vgl. Römer 3,28, wobei Luther in der deutschen Übersetzung das Wörtchen "allein" einfügte, das sich im griechischen Wortlaut nicht findet). Die entscheidende Frage ist: Liegt hier wirklich ein kontradiktorischer Widerspruch vor? Oder aber eine schwächere Form des Widerspruchs, etwa ein subkonträrer Gegensatz? Um diese Frage beantworten zu können, muss man bedenken, dass für Paulus und für Jakobus die Begriffe "Glaube", "Gesetz" und "Werke" durchaus unterschiedliche Bedeutung und sehr verschiedene Konnotationen haben. So gibt es bei Jakobus etwa ein "Gesetz der Freiheit" (Jakobus 1,25; 2,12). Für Paulus wäre dies schon rein semantisch gesehen ein Widerspruch in sich selbst. Denn ihm zufolge kann das Gesetz niemals frei machen; befreien kann nur Christus. Inhaltlich muss die Differenz zwischen den beiden urchristlichen Theologen freilich nicht unüberwindlich sein. Vielleicht entspricht ja die Rede vom "Gesetz der Freiheit" in etwa dem, was bei Paulus einfach "Liebe" heißt und in 1. Korinther 13 geradezu hymnisch gepriesen wird. Oder das "Gesetz der Freiheit" korrespondiert dem "Leben im Geist" bzw. der "Frucht des Geistes" aus Galater 5. In beiden Fällen ergäbe sich kein kontradiktorischer Widerspruch zwischen Paulus und Jakobus.[60] Vor diesem Hintergrund ist es zumindest verständlich, dass in der neueren Forschung Jakobus durchaus als ein "beachtlicher christlicher Theologe" (Burchard) gewürdigt wird und die Unterschiede zu Paulus zwar wahrgenommen, aber nicht überbewertet werden.

Sachkritisch muss man auch heute überprüfen, ob der Jakobusbrief eine bloße Addition von Glauben und Werken im Sinne des *Synergismus* als Modell der Erlösung vor Augen hat, oder ob er einen *intellektuell oder doxastisch (also auf das bloße Meinen im Sinne einer Identität von Glaube und Meinung) verkürzten Glaubensbegriff* kritisiert, der am Werk des Paulus jedoch keinerlei Anhaltspunkt hat und in seiner Kritik überzieht bzw. missverständlich argumentiert. Leider sind für uns die tatsächlichen Fronten, an denen der Autor des Schreibens kämpfte, kaum noch rekonstruierbar. Ob man daher, anders als Luther, heute vielleicht *"im Zweifel für den Angeklagten"* votieren könnte?

---

60 Im Römerbrief findet sich bei Paulus auch die Rede vom "Gesetz des Geistes" (Römer 8,2), das frei mache vom "Gesetz der Sünde". Auch unter diesem Aspekt scheint eine Konvergenz zwischen den vermeintlichen Antagonisten Paulus und Jakobus möglich. Für diesen Hinweis danke ich meinem "Doktorvater", Prof. Dr. Wilfried Härle, Heidelberg.

3. Jakobus und die Friedensthematik

Der für die FriedensDekade im Jahr 2010 ausgesuchte Mottotext verwendet zwar den Friedensbegriff, aber es ist schnell deutlich, dass dieser nicht in einem politischen Sinne gemeint ist. Für den Frieden in einem allgemeinen, fundamentalen und zwischenmenschlichen Sinn, so wie Jakobus ihn denkt, gilt vielmehr mindestens dreierlei:

Erstens: Der (irdische) Friede wurzelt in der durchweg lebenspraktisch gedachten Weisheit (Sophia). Diese ist nicht im griechischen Sinne als das Endziel philosophischer Dialektik oder als Ergebnis der platonischen Ideenschau zu verstehen, sondern betrifft wie die hebräische "Chochma" den konkreten Lebenswandel der Menschen vor Gott im Horizont ihrer Geschöpflichkeit und Endlichkeit. Wer weise ist, sucht in seiner eigenen Existenz das Gott wohlgefällige Handeln: "Wer ist weise und klug unter euch? Der zeige mit seinem guten Wandel seine Werke in Sanftmut und Weisheit." (Vers 13) Wer sein Handeln vor Gott von Gott her und auf ihn hin verantwortet, der handelt im Sinne einer "Weisheit von oben", also einer Lebensklugheit, die er nicht sich selbst verdankt, sondern die ihm vom Himmel geschenkt wurde. Für die "Weisheit von oben" verwendet Jakobus drei im Stabreim angeordnete Prädikate: "*eiränikä, epieikäs, eupeitäs*" (Luther: "friedfertig, gütig, lässt sich etwas sagen"). Peters übersetzt diesen Dreiklang mit einer ebenfalls sehr schönen Alliteration: "*friedfertig, freundlich, fügsam*".

Zweitens: Der (irdische) Friede ist ein Prozess, er muss immer wieder neu gestiftet werden. Er ist somit nicht von Anfang an da und selbstverständlich vorhanden, sondern er muss - auch unter Christen, auch in christlichen Gemeinden - immer wieder neu gesucht, gestiftet und gefunden werden. Darin wie auch sonst in seinem radikalen Moralismus berührt Jakobus sich mit Immanuel Kant; keineswegs aber würde Jakobus Kants Satz zustimmen, dass nichts auf der Welt gut genannt werden könne als allein der gute Wille. Der Friede ist vielmehr jederzeit praxisfähig. Das heißt, man kann ihn leben, man kann ihn gewinnen – aber leider auch verlieren und verspielen. Im Blick auf die im Jahr 2010 zu Ende gehende Dekade zur Überwindung von Gewalt des Ökumenischen Rates der Kirchen kann man sagen, der Friede sei ein Prozess der allmählichen Überwindung von Gewalt. Er ist zu gewinnen, wenn im Menschen Eigenschaften zunehmen wie Sanftmut, Lauterkeit, Friedfertigkeit, Güte,

Barmherzigkeit. In gleichem Maße aber müssen negative Eigenschaften abnehmen, also etwa Neid und Streit, Unordnung und Heuchelei.

Drittens: Der (irdische) Friede ist unlöslich mit der Gerechtigkeit verbunden. Mit diesem Gedanken knüpft Jakobus an zentrale Einsichten des Alten Testaments an, etwa an Psalm 85,11 (den Kuss von Gerechtigkeit und Frieden) oder an die Propheten Jesaja (Jesaja 32, 17f) und Jeremia (Jeremia 23, 5f). Jakobus bringt dies auf die Formel: "18 Die Frucht der Gerechtigkeit aber wird gesät in Frieden für die, die Frieden stiften." Bei diesem Vers ist zu beachten, dass das Passiv ("wird gesät") mit an Sicherheit grenzender Wahrscheinlichkeit als ein **Passivum Divinum** zu lesen ist (mit Peters). Das heißt, hier ist vom Handeln Gottes die Rede. Der Satz lässt sich somit umwandeln in die Aussage: **Gott sät die Frucht der Gerechtigkeit in Frieden für die, die Frieden stiften ("tois poiousin eiränän").** Von denen, die Frieden stiften, zu den Friedensstiftern ("eiränäpoioi") des Matthäusevangeliums (Matthäus 5, 9), ist es sprachlich nur ein kleiner Schritt. Hierbei wird es sich um die gleiche Personengruppe handeln, nämlich solche Menschen, die in ihrem Leben ganz praktisch versuchen, Frieden herzustellen, zu erneuern und zu bewahren. Ihnen gilt die Zusage Gottes, dass er ihnen "in Frieden" die "Frucht der Gerechtigkeit" schenken will. Burchard legt dies modal aus: "Friedensmachern winkt Frucht der Gerechtigkeit in Frieden oder deren friedliches Wachstum." (a.a.O., S.164)

Wie aber hängen Frieden und Gerechtigkeit des Näheren zusammen? Wurzelt das eine strikt im anderen oder sind beide etwa gleichursprünglich und interdependent? Der Jakobusbrief klärt dies ebenso wenig eindeutig wie andere Bibelstellen, die zwar die unauflösliche Zusammengehörigkeit von Frieden und Gerechtigkeit betonen, aber die Art und Weise dieser Zusammengehörigkeit nicht präzise erkennen lassen. Interessant ist in diesem Kontext, dass die aktuelle Friedensdenkschrift des Rates der EKD "Aus Gottes Frieden leben – für gerechten Frieden sorgen" (Gütersloh 2. Aufl. 2007) ausgerechnet Jakobus zum Kronzeugen für die Lehre vom gerechten Frieden erhebt. In Ziffer (76) dieser Denkschrift heißt es über den Zusammenhang von Frieden und Gerechtigkeit:

"Das biblische Friedensverständnis enthält durch seinen unauflöslichen Bezug zur Gerechtigkeit einen Gesichtspunkt zur Unterscheidung von »wahrem« und »faulem« Frieden, der schon von den Propheten des Alten Testaments geltend gemacht wurde (Jeremia 6,13f.). Im Anschluss an Jesaja 32,17 ist wahrer Friede traditionell als

»Werk der Gerechtigkeit« *(opus iustitiae pax)* bezeichnet worden. Allerdings ist im biblischen Kontext »Gerechtigkeit« nicht als ein verfügbares Mittel zur Herstellung des Friedens aufzufassen. Gerechtigkeit und Friede stehen nicht in einem einfachen Mittel-Zweck-Verhältnis zueinander. In Jak 3,18 heißt es präzisierend: »Die Frucht der Gerechtigkeit aber wird gesät in Frieden für die, die Frieden stiften«. Der Friede als »Frucht« oder »Werk« der Gerechtigkeit ist nicht äußerliches Resultat eines davon unabhängigen Handelns, vielmehr kann das friedenstiftende gerechte Handeln seinerseits nur im Frieden geschehen und aus ihm hervorgehen. In einer bekannten Formulierung gesagt: Schon der Weg ist das Ziel – genauer: Die Mittel zum Frieden müssen bereits durch den Zweck qualifiziert, die Methoden müssen dem Ziel angemessen sein."

Die Friedensdenkschrift versucht an dieser wie auch an anderen Stellen, eine genauere Verhältnisbestimmung zwischen Frieden, Recht und Gerechtigkeit zu leisten, die über den biblischen Befund und insofern auch über die Aussagen des Jakobusbriefes hinausgeht. Die Denkschrift tut dies in friedenspolitischer Perspektive. Wie Jakobus zielt sie auf das praktische Handeln der Christenmenschen ab. Ohne Zweifel sind die knappen und recht allgemein gehaltenen ethischen Maximen des Jakobusbriefes nicht an sich selbst schon politikfähig. Sie könnten aber wichtige Anstöße und gehaltvolle Impulse geben und uns insgesamt die Richtung anzeigen, in die auch politisches Handeln sich bewegen muss, wenn es einem gerechten Frieden auf dieser Welt dienen will.

Literaturhinweise:

Als Einführung immer noch grundlegend und lesenswert:

Philipp Vielhauer: Geschichte der urchristlichen Literatur, Berlin/New York 1975.

Neuere Texte und Kommentare:

Christoph Burchard: Der Jakobusbrief, Handbuch zum Neuen Testament 15/I, Tübingen 2000.

Rudolf Hoppe: Art. "Jakobusbrief", in: Religion in Geschichte und Gegenwart (RGG), 4. Auflage, Bd. 4, Sp. 361-363.

Hans-Jürgen Peters: Der Brief des Jakobus, Wuppertaler Studienbibel, Ergänzungsfolge, Wuppertal 1997.

Jürgen Roloff: Einführung in das Neue Testament, Reclam-Verlag, Stuttgart 1995 (2000).

Georg Strecker: Art. "Jakobusbrief", in: Evangelisches Kirchenlexikon, 3. Auflage, Bd. 2, Sp. 794-795.

Wie ein Baum an den Wasserbächen: Wohl dem, der nicht wandelt im Rat der Gottlosen. Gedanken zur Auslegung von Psalm 1

Predigttext: Psalm 1

"1 Wohl dem, der nicht wandelt im Rat der Gottlosen noch tritt auf den Weg der Sünder noch sitzt, wo die Spötter sitzen, 2 sondern hat Lust am Gesetz des HERRN und
sinnt über seinem Gesetz Tag und Nacht! 3 Der ist wie ein Baum, gepflanzt an den
Wasserbächen, der seine Frucht bringt zu seiner Zeit, und seine Blätter verwelken
nicht. Und was er macht, das gerät wohl. 4 Aber so sind die Gottlosen nicht, sondern
wie Spreu, die der Wind verstreut. 5 Darum bestehen die Gottlosen nicht im Gericht
noch die Sünder in der Gemeinde der Gerechten. 6 Denn der HERR kennt den Weg
der Gerechten, aber der Gottlosen Weg vergeht." (Lutherübersetzung)

1. Wohl und Wehe: Psalm 1 als Proömium des Buches der Psalmen

"Wohl" und "Wehe" - dieser Dual könnte als Überschrift über allen Psalmen stehen. Versteht man Psalm 1 als ein Proömium, also als eine Art einleitendes Kapitel in dieser Sammlung antiker Gedichte und Lieder, dann kommt ihm die Aufgabe zu, in das eine Thema einzuführen, das alle Psalmen bestimmt. Mit dem Dual von "Wohl" und "Wehe" werden zwei Gruppen von Menschen voneinander unterschieden. Da sind die einen, die Gerechten, die Lust haben am Gesetz des Herrn. Und da sind die anderen, die Gottlosen, Sünder und Spötter, die Gott verachten und Unrecht tun. Der abschließende sechste Vers des Psalms könnte, wenn denn das "Stilgesetz vom Achtergewicht" gilt, das Motto des Mottopsalms und somit in gewisser Weise die Summe aller Psalmen sein: **"Der HERR kennt den Weg der Gerechten, aber der Gottlosen Weg vergeht".**

Man kann wohl *cum grano salis* sagen: Alle Abschnitte des Buches der Psalmen thematisieren auf je ihre Weise diese Einsicht der weisheitlichen Lyrik des alten Israel. Dabei ist der Tenor des ersten Psalms grundsätzlich positiv, optimistisch und ermutigend: Gelingendes Leben ist möglich, den Gerechten steht eine gute Zukunft bevor! In diesen Versen ist kein Hauch des Schopenhauer'schen Pessimismus zu spüren, die Welt wird weder als Weltgericht noch als Jammertal gesehen. Sie ist vielmehr eine Oase der Hoffnung, in ihr ist gelingendes Leben möglich. Nicht, weil die Menschen an sich so gut wären, wie das "Prinzip Hoffnung" eines Ernst Bloch nahelegt. Die Hoffnung, die in den Psalmen anklingt, ist vielmehr auf das Wirken Gottes gegründet, der Himmel und Erde geschaffen hat.

Die Krise der israelitischen Weisheit, also die erfahrungsgesättigte Bestreitung eines kohärenten Zusammenhangs von Tun und Ergehen im Leben der Menschen ist im Proömium des Psalmenbuches nicht im Blick. Sie kommt gleichwohl in einzelnen Psalmen dieses Buches durchaus zu Wort. Die Botschaft des Eingangspsalms lautet jedenfalls: Für die Guten wird letztlich alles gut werden. Sie werden leben und blühen wie Bäume und Frucht bringen zu ihrer Zeit. Jenseits des Bloch'schen Optimismus und des Schopenhauer'schen Pessimismus ist das ein schönes Vorwort für eines der wunderbarsten Bücher der Bibel.

2. Wie ein Baum an den Wasserbächen: Psalm 1 als Perle hebräischer Dichtkunst

Wer Freude an Gedichten hat, der wird den ersten Psalm als eine Perle hebräischer Dichtkunst würdigen können. Das wohl typischste Merkmal hebräischer Gedichte, der auf die Sätze und Satzglieder bezogene *Gedankenreim (Parallelismus membrorum)*, findet sich in jedem einzelnen Vers dieses Psalms. In Vers 1 werden in synonymer Weise nebeneinandergestellt: Menschen, die da wandeln im Rat der Gottlosen, solche, die auf den Weg der Sünder treten sowie schließlich diejenigen, die nicht bei den Spöttern sitzen. Sie alle verfehlen den rechten Weg. Ihn findet nur der Mensch, der Lust hat am Gesetz des Herrn und über seinem Gesetz "sinnt" Tag und Nacht (wieder begegnet ein *synonymer Parallelismus*). Im dritten Vers wird der Mensch, der seine Lust hat am Gesetz des Herrn, mit einem an Wasserbächen gepflanzten Baum verglichen. Über diesen Baum wird in einem dreifachen Gedankenreim Dreierlei ausgesagt: Er bringt seine Frucht zu seiner Zeit, seine Blätter verwelken nicht – und das, was er macht, gerät ihm wohl. In den Versen 4 und 5 wird eine Antithese eingesetzt: Den Gottlosen geht es nicht so wie dem, der seine Lust am Gesetz des Herrn hat. Sie sind vielmehr (erneut ein dreifacher Gedankenreim) wie Spreu, die der Wind verweht, sie bestehen nicht im Gericht und auch nicht in der Gemeinde der Gerechten. Vers 6 bietet die Quintessenz des Psalms. Hier begegnet uns ein *antithetischer Parallelismus*: Der Herr kennt den Weg der Gerechten, aber der Gottlosen Weg vergeht. Während den einen also Leben, Hoffnung und Zukunft verheißen wird, werden die anderen eindringlich vor dem Untergang gemahnt und gewarnt und auf unausgesprochene Weise zur Umkehr aufgefordert.

Aber nicht nur die Parallelismen lassen unseren Text als ein Stück antiker Lyrik erkennen, auch eine ganze Reihe rhetorischer Figuren finden wir vor.

a) Ganz am Anfang des ersten Verses begegnet ein ***"Makarismus"*** bzw. (ganz weltlich-irdisch gesprochen) eine Gratulations – oder Glückwunschformel: **„Wohl dem...".** Klar ist: Dem ersten Wort eines Psalms kommt stets große Aufmerksamkeit zu. Und dies ist sogar das erste Wort des ersten Verses des ersten Psalms! Dieses Wort hat Eröffnungs- und Einladungscharakter, es muss ein "Türöffner" sein. Die Übersetzung muss deshalb wohl erwogen werden. Die Luther-Bibel und die Zürcher Bibel übersetzen mit: "**Wohl** (dem)". Artur Weiser schlägt in seinem Kommentar von 1950 vor: "**Selig** der Mann". ***Aschrej=happy*** ist aber nicht einfach synonym mit ***baruch=blessed***. Die meisten englischen Übersetzungen wählen deshalb auch "happy". In der "Bibel in gerechter Sprache" aus dem Jahr 2006 findet sich in geschlechtergerechter Sprache: "**Glücklich** sind die Frau, der Mann". Das hebräische Wort ***aschrej*** legt es somit insgesamt nahe, für diesen Psalm eine weltlich-irdische Auslegung anzunehmen. Gleichwohl lässt sich gedanklich eine Linie zu den Seligpreisungen der Bergpredigt Jesu ausziehen.

b) In Vers 1 wird auch die Figur der ***Klimax*** verwendet: Die drei Verben "wandeln in", "treten auf" und "sitzen bei" (Kraus, S. 135) stellen eine Steigerung dar; man verstrickt sich sozusagen immer tiefer in das Netz der Sünde und der Sünder. Sitzen macht nämlich unbeweglich, und die Umkehr wird immer schwieriger.

c) In Vers 2 begegnet die Stilfigur des ***„Merismus"*** *(Oeming. S.53):* Die Formel „Tag und Nacht" intendiert, die Ganzheit durch ihre durchaus gegensätzlichen Teile zu umschreiben.

d) Ein ***Wortspiel*** könnte darin liegen, dass sich der Begriff "Rat/Ratschluss" (hebräisch: *atzah*) vom gleichen Wortstamm herleitet wie "*etz*" (das hebräische Wort für: Baum). Dieser etymologische Zusammenhang könnte hier in ironischer Weise anklingen und dürfte jedenfalls den jüdischen Lesern und Hörern des Psalms bewusst sein.[61]

Das schönste Bild des Psalms begegnet sicherlich in der in Vers 3 gebrauchten Wendung vom „Baum, gepflanzt an den Wasserbächen“. Eine Metapher liegt hier nicht vor, da das "wie" des Verses einen Vergleich anzeigt. Im vierten Vers stehen dem "Baum" die Gottlosen gegenüber, die wie Spreu sind und vom Wind verweht werden. Das Bild vom gelingenden Leben als einem Früchte bringenden, blühenden Baum ist in der Bibel nicht selten. Es hat jedoch mindestens ein Vorbild auch außerhalb des Alten Testaments, nämlich in den altägyptischen Sprüchen des *Amenemope.* Bei ihm heißt es: *„Der wahrhaft Schweigende aber, wenn er sich auf die Seite stellt, der ist wie ein Baum, der in einem Garten wächst. Er grünt und verdoppelt seine Ernte ...“* (zitiert nach Kraus, S.137f).

Niemand weiß, ob der Dichter, auf den Psalm 1 zurückgeht, die altägyptische Lyrik und insbesondere diesen Spruch kannte. Ausschließen kann man es freilich nicht. Und es ist immerhin interessant, dass es bei Amenemope der Schweigende ist, der dem blühenden Baum gleicht, während im Psalm derjenige, der Lust am Gesetz hat, über diesem *"sinnt"*, was in genauerer Übersetzung *"murmeln"*, also leise flüstern, bedeutet. Die "Bibel in gerechter Sprache" übersetzt Vers 2 entsprechend: "... sondern ihre Lust haben an der Weisung Gottes, diese Weisung murmeln Tag und Nacht". Ludwig Köhler hat sogar als Übersetzung vorgeschlagen: "... der mag *aufsagen* aus seinem Gesetz ..." (Köhler S.88). Auf jeden Fall wird kein Schweigender mit dem blühenden Baum verglichen, sondern einer, den die Thora selbst dazu animiert, sich hörbar zu artikulieren.

Eine Perle hebräischer Dichtkunst habe ich oben den ersten Psalm genannt. Wie Perlen an verschiedenen Stellen glänzen können und ihr Licht in verschiedene Richtungen zu werfen vermögen, so wirft auch dieser Psalm sein Licht in unterschiedliche Richtungen, je nachdem, von wo aus man ihn beleuchtet. Ich will dies an zwei ausgewählten Übersetzungsalternativen verdeutlichen.

* **["Reschaim" (Vers 1):]** "der nicht wandelt im Rat der **Gottlosen**" (Luther) / "der nicht dem Rat der **Frevler** folgt" (Zürcher Bibel) / "... die nicht nach den Machenschaften der Mächtigen gehen" (Bibel in gerechter Sprache).

---

[61] Für diesen Hinweis danke ich meiner Kollegin Doris Joachim-Storch, Frankfurt am Main.

Die Martin Luther folgende Übersetzung von "Reschaim" mit "**Gottlose**" hat den Vorteil einer gewissen Drastik. In der Gegenwart führt sie jedoch auch zu nahe liegenden Missverständnissen. Sicherlich hat der Schreiber des Psalms nicht an "Atheisten" im heutigen Sinne gedacht, wohl eher an Heiden, die ja in der Antike faktisch Polytheisten waren - oder sogar an Vertreter des eigenen Volkes und Glaubens, die somit zwar an Gott glaubten, aber seinen Geboten zuwider handelten. Die Zürcher Bibel redet von "**Frevlern**" und trifft damit den Sachverhalt der Übertretung von Gottes Geboten, der zweifellos an dieser Stelle gemeint ist. Allerdings klingt das Wort in der deutschen Sprache sehr nach einem "kultischen Sitz im Leben", während es im Psalm wohl im allgemeineren Sinne gedacht ist. Eine Bedeutungsverengung schlägt dagegen die "Bibel in gerechter Sprache" vor, indem sie den Begriff als Synonym für "**Machtgierige**" versteht (so auch durchgängig in den Versen 4-6). Geht es aber in Psalm 1 wirklich um die Gier nach Macht, etwa im politischen Sinne? Oder ist diese Zuspitzung eher eine den Sinn des Psalms verfehlende Verengung? Eine andere Deutung besagt, dass der "Rat der Gottlosen" eine Anspielung auf die "hellenistische Kultur und Lebensweise" (Seybold, S.28) darstelle. Ob dies zutrifft, ist aus dem Begriff selbst aber nicht zu erkennen. Der Wert dieser Hypothese hängt unter anderem auch von der Datierungsfrage ab: Je später man Psalm 1 datiert, desto eher könnte die Hypothese zutreffen. Aber eine letzte Sicherheit ist nicht zu gewinnen.

* **["Thora" (Vers 2)]:** "Lust am **Gesetz** des Herrn" (Luther) / "Lust an der **Weisung** des Herrn/Gottes" (Zürcher Bibel/Bibel in gerechter Sprache)

Vieles hängt für das Verständnis des Psalms daran, wie in Vers 2 das Wort "Thora" übersetzt wird. Ist damit das *Deuteronomium* (5. Buch Mose) gemeint oder vielleicht der gesamte *Pentateuch* (5 Bücher Mose)? Oder meint "Thora" hier den *Kanon*, also die ganze hebräische Bibel (zu diesen und weiteren Alternativen Kraus, S.135ff)? Schmidt schlägt vor, in Psalm 1,2 werde derjenige gepriesen, der den *Psalter* selbst lese (Schmidt, S.301), das Wort "Thora" meine also das Buch der Psalmen. Auf den ersten Blick mag dies für ein Proömium plausibel sein, aber es würde daraus eine erhebliche Verengung des Blickwinkels folgen. Dagegen stellt die Übersetzung mit *"Willensoffenbarung Jahwes"* (von Rad, S.393f) bzw. mit "Offenbarung Gottes überhaupt" (Oeming, S.54) eine beachtliche Ausweitung der Perspektive dar. Der Ausleger, die Auslegerin muss sich an dieser Stelle auf jeden Fall entscheiden. Die klassische Luther-Übersetzung klingt dabei sehr "gesetzlich", und da zumal aus protestantischer Perspektive "Gesetz" sehr oft als Gegenbegriff zu "Evangelium" gesehen wird, hat eine andere Übersetzung vielleicht den Charme einer größeren Offenheit und Weite der Interpretation.

3. Der Weg der Friedensstifter: Psalm 1 in friedensethischer Perspektive

Vom Frieden (schalom) handelt der Psalm nicht explizit, nicht einmal von der Überwindung von Gewalt. Was aber ist seine Aussage, wenn man ihn in eine friedensethische Perspektive rückt?

Dieser Psalm hat das Recht ("Gesetz", Vers 2) und die "Gerechtigkeit" (Verse 5 und 6) im Blick. Und wenn es richtig ist, dass Friede nur wachsen, entstehen und gedeihen kann, wo, weil und wenn er dauerhaft und systematisch mit Recht und Gerechtigkeit verbunden ist und dass auch die umgekehrte Aussage zutrifft, dann ist in Psalm 1 von den Bedingungen der Möglichkeit des Friedens die Rede. Die Gottlosen/Frevler sind diejenigen, die Recht und Gerechtigkeit nicht beachten, ja, verachten und denen deshalb das "Gericht" droht. Sie sind zugleich die Friedlosen, die Gewalt und Unfrieden säen. Dem steht das außerordentlich friedliche Bild des Baumes an den Wasserbächen gegenüber, der da blüht und Frucht bringt zu seiner Zeit. Von hier aus ist es ein nahe liegender Schritt vom Makarismus des 1. Psalms zur Seligpreisung derer, die Frieden stiften (Matthäus 5, V.9), durch Jesus im Neuen Testament. Die, die Lust haben am Gesetz (bzw. an der Weisung Gottes) und den Sinn seiner Offenbarung suchen (die Worte seiner Schrift vor sich hin "murmeln") und die Gerechtigkeit lieben, die werden sich auch für den Frieden in der Welt einsetzen, ja, die tun dies faktisch schon längst. Denn wer zur Gerechtigkeit beiträgt, der fördert auch den "schalom", also einen gerechten, gehaltvollen Frieden. Die Botschaft des Psalms 1, des Proömiums aller Psalmen, hat also auch eine friedensethische Bedeutung. Wer den Frieden will, muss den Frieden vorbereiten - und: wer den Frieden will, muss für Gerechtigkeit eintreten. Diese elementaren Grundsätze gegenwärtiger christlicher Friedensethik sind mehr als nur vereinbar mit dem wunderbaren Bild vom Baum an den Wasserbächen, der seine Frucht bringt zu seiner Zeit. Freilich wird auch die Bedrohung des Friedens sichtbar in Gestalt der Gottlosen, Sünder und Spötter, die immer schon in unserer Mitte leben und in deren Kreise wir uns jederzeit verstricken können. Aber die Hoffnung auf Gottes Beistand überstrahlt alles auf dem Weg der Gerechtigkeit. Dass der Herr den Weg der Gerechten "kennt", meint mehr als nur ein bloßes, oberflächliches Notiz-Nehmen, ein flüchtiges Wissen-über. Wenn Gott diesen Weg kennt, dann sorgt er vielmehr für die, die auf ihm unterwegs sind. Bei Schneider heißt es: "Wenn Gott etwas 'kennt', dann liebt er es, und wenn Gott liebt, dann schützt und begleitet er." (Schneider, S.41f), frei nach dem Motto: *"To know him/her is to love him/her".* Und so kann man das Mottowort des Psalms, das nach dem Stilgesetz vom Achtergewicht im letzten Vers enthalten ist, vielleicht auch wie folgt übersetzen: "Denn der Herr kennt den Weg der Friedensstifter, aber der Friedlosen Weg vergeht".

Literaturhinweise:

Allgemeines:

[**Köhler**] Ludwig Köhler: Der hebräische Mensch: Eine Skizze, Darmstadt 1980 [=Tübingen 1953], hier bes. S.88, S.149

[**von Rad**] Gerhard von Rad: Theologie des Alten Testaments, Bd. I., München 7. Aufl. 1978, hier bes. S.393f

[**Kaiser**] Otto Kaiser: Einleitung in das Alte Testament, Göttingen 5. Aufl. 1984, S.325-355.

[**Schmidt**] Werner H. Schmidt: Einführung in das Alte Testament, Berlin/New York 2. Aufl. 1982, S.112, S.298-309.

[**Psalm 1**] Art. "Psalm 1", in: Wikipedia (Stand: 23.08.2010)

[**Psalmen/Psalter**]: Friedhelm Hartenstein, Bernd Janowski u.a.: Art. "Psalmen/Psalter", in: Religion in Geschichte und Gegenwart, 4. Auflage, Bd. 6, Sp. 1761-1785.

Kommentare:

[**Weiser**] Artur Weiser: Die Psalmen, Erster Teil: Psalm 1-60, ATD Teilband 14, Göttingen 1950, S.62-66.

[**Kraus**] Hans-Joachim Kraus: Psalmen, Erster Teilband: Psalmen 1-59, Biblischer Kommentar zum AT Bd. XV/1, Neukirchen 5. Aufl. 1978, S.131-142. **(Der Klassiker unter den Kommentaren!)**

[**Seybold**] Klaus Seybold: Die Psalmen, Handbuch zum AT I/15, Stuttgart 1991, S.27-29.

[**Schneider**] Dieter Schneider: Das Buch der Psalmen, 1. Teil: Psalm 1 bis 50, Wuppertal und Zürich 1995, S.37-42.

[**Oeming**] Manfred Oeming: Das Buch der Psalmen: Psalm 1-41, Neuer Stuttgarter Kommentar AT, Stuttgart 2000, S.49-56.

III. Predigten

Nach Canossa gehen – oder nicht … Predigt zur Andacht am 07. August 2006 im Kirchenamt der EKD über den Gang Kaiser Heinrichs IV. nach Canossa

Liebe Kolleginnen und Kollegen, liebe Hausgemeinde,

"Seien Sie außer Sorge, nach Canossa gehen wir nicht." Es war kein Geringerer als Otto von Bismarck, der diesen Satz 1872 vor dem Deutschen Reichstag äußerte. Er unterstrich damit, dass er, der Kanzler, sich der römisch-katholischen Kirche nicht unterwerfen werde. Es war die Zeit des Kulturkampfes, einer im Ergebnis eher unproduktiven Konfrontation zwischen dem preußisch geprägten Deutschen Reich und der römisch-katholischen Kirche. Canossa ist spätestens seit Bismarck ein geflügeltes Wort für die Unterordnung des Staates unter die Kirche. Eine Konstellation, die heute wohl undenkbar ist. Ich sage ausdrücklich: Gott sei Dank!

Das Jahr 2006 ist ein "Canossa-Jahr". Große Ausstellungen in Paderborn und Speyer würdigen das historische Ereignis. In der aktuellen Ausgabe der Zeitschrift "Zeitzeichen" findet sich ein lebendig erzählter Artikel dazu. Die Story spielt im Hohen Mittelalter, genauer gesagt, im Januar des Jahres 1077 nach Christus. Das Szenario, in dem Kaiser Heinrich IV. und sein Gegenspieler Gregor VII. sich duellierten, hieß **"Investiturstreit"**. Dabei ging es um die Frage, wer die Bischöfe und Äbte rechtmäßig in ihre Ämter einsetzen dürfe, der Papst oder der Kaiser und die Fürsten?!? Das war eine Machtfrage, weil die Bischöfe und Äbte nicht nur kirchliche Ämter ausübten, sondern immer zugleich auch weltliche Herrscher waren. Gregor sprach über Heinrich den Kirchenbann aus. Das war ein Ausschluss aus der allein selig machenden römisch-katholischen Kirche mit Rechtsfolgen, die den Anfang vom Ende dieses Kaisers bedeutet hätten. Heinrich IV. musste sich daher unbedingt mit dem Papst versöhnen. Er tat dies mit Hilfe des Bußinstituts, also nach einem genau vorgeschriebenen Ritual. Er zog unter Lebensgefahr über die eisigen Alpen nach Italien, dem Papst entgegen, stellte sich barfuß und in einem einfachem Büßergewand vor die Burg Canossa, in welcher der Papst weilte. Drei Tage stand er in Eis und Schnee vor dieser Burg und erhielt am vierten Tag schließlich die erbetene Buße gewährt.

Spätere Generationen sahen darin eine gewaltige Demütigung des Kaisers. Deshalb versteht man unter "Gang nach Canossa" heute einen erniedrigenden Bittgang. Nach mittelalterlicher Auffassung war das Ganze aber vor allem ein nüchternes Rechtsgeschäft, das in ritualisierter Form zu verlaufen hatte. Die Kalkulation des Kaisers ging auf, damit war seine Handlungsfähigkeit wieder hergestellt. Der Papst wiederum musste der Bitte um Wiederaufnahme in die Kirche entsprechen, er hatte nach Maßgabe des Rituals keine andere Möglichkeit. Es war somit nicht ganz so, wie es heute scheint, als sei der Eine der Sieger und der Andere der Unterlegene gewesen. Ähnlich wie viel später der Kulturkampf endete das Ganze eher als ein Unentschieden, bei dem beide Seiten mit Mühe ihr Gesicht wahren konnten. Was uns heute daran besonders befremdet, ist das im Mittelalter absolut selbstverständliche Ineinander von Politik und Religion, Staat und Kirche, Thron und Altar. Man kann das eine vom anderen oft kaum trennen. In unserer Zeit begegnen uns derartige Vermischungsszenarien in der Christenheit praktisch nicht mehr, aber sehr wohl etwa noch im Islam. Der Islam geht davon aus, dass es für die Welt heilsam sei, sie auch weltlich nach seinen religiösen Vorstellungen zu ordnen. Deshalb sollte ein religiöses Gesetz – die Scharia – am besten auch staatlich durchgesetzt werden.

Noch zu Luthers Zeit war die Vermischung von Thron und Altar gängige Praxis. Denken Sie an Worms, wo der Kaiser den religiösen Reformator wegen seiner vermeintlichen Irrlehren vernahm. Was geht das einen Kaiser an! Gleichzeitig fühlte der Papst sich als Kriegsherr und ritt – eine köstliche Szene im Lutherfilm! – in goldener Rüstung über den Petersplatz. Welche Anmaßung des Papstes! Luther kritisierte beide Formen der Vermischung von Politik und Religion. Er forderte eine klare Unterscheidung dieser zwei "Regimente", wie er dies nannte. Im Reich der Welt, so Luther, regiert der Kaiser mit dem Schwert. Oberster Maßstab des Handelns ist die Vernunft. Handlungsziel ist die Herstellung von äußerem Frieden durch Recht und Gerechtigkeit. Im Reich Gottes dagegen regiert Christus durch sein Wort, also durch Evangelium und Sakrament. Der oberste Maßstab ist die Liebe, das Ziel des Handelns die Vermittlung von Gnade und Vergebung. Beide Reiche, so Luther, sind Regierweisen Gottes. Man darf sie weder gleichsetzen noch kann man sie voneinander trennen. Die hohe Kunst der Theologie, meint Luther, bestehe darin, beide Regimente voneinander unterscheiden zu können.

Mit der 2-Regimenten-Lehre werden zwei Irrtümer abgewehrt: Der erste ist die Auffassung, die Kirche habe eine politische Aufgabe, sie müsse gleichsam die Richtlinien der Politik bestimmen. Das muss sie nicht, das darf sie nicht tun! *Sie ist vielmehr dazu da, von der Liebe und Vergebung Gottes zu erzählen und den Menschen Trost und Hoffnung zu spenden.* Der zweite Irrtum ist die Meinung, der Staat habe einen geistlichen Auftrag. Er könne somit die Inhalte kirchlichen Handelns bestimmen. Das kann er nicht, das darf er nicht tun! *Er hat vielmehr die Aufgabe, den äußeren Frieden zu sichern, Recht zu stiften und soziale Gerechtigkeit herzustellen.* Kirche und Staat sind somit klar voneinander unterscheidbar und müssen auch voneinander unterschieden werden. Jede Vermischung ist fehl am Platze.

Das ist das berechtigte Anliegen in den alle Jahre wieder aufkommenden Befürchtungen zu einem Bündnis von Thron und Altar. Ich erinnere an die merkwürdigen Diskussionen über das so genannte "Bündnis für Erziehung" im Frühjahr dieses Jahres. Was gab es da für einen Aufstand der Medien! Recherchiert wurde wenig, aber getönt dafür umso lauter. Wenn die Kirchen den Auftrag von Kirche und Staat vermischen wollten und den Staat für ihre Zwecke instrumentalisieren wollten, dann wäre ein solcher Protest und Aufschrei völlig berechtigt. Im umgekehrten Falle auch. Nun ist aber weder das eine noch das andere bei uns der Fall. Wir haben heute eine geregelte, respektvolle Partnerschaft zweier sozialer Systeme mit völlig unterschiedlichen Aufgaben. Die rechtliche Grundlage bildet das Grundgesetz sowie Verträge wie etwa der Loccumer Vertrag in Niedersachsen aus dem Jahr 1955. Nach Canossa gehen sollte deshalb in der Tat niemand. Aber auf Canossa schauen, das sollten wir tun, um zu verstehen, warum unsere Welt heute so ist, wie sie ist. Und warum wir – anders als die islamische Welt! – die beiden Regimente voneinander strikt unterscheiden möchten.

Schließlich ist noch eines wichtig: Canossagänge zahlen sich für beide Seiten meist nicht aus. Denn historische Verlierer waren sie am Ende beide, Heinrich und Gregor. Dieser sah sich plötzlich einem Gegenpapst gegenüber und wurde von den Normannen, die er als Verbündete herbeigerufen hatte, in eine etwas grobe "Schutzhaft" genommen. In dieser "Schutzhaft" kam er 1085 um. Der Kaiser aber wurde drei Jahre nach Canossa erneut gebannt und verlor seine weltliche Macht am Ende durch seinen eigenen Sohn. Heinrich IV starb heute vor genau 900 Jahren, am 7. August 1106.

Amen. Und der Friede Gottes, der höher ist als alle Vernunft, bewahre unsere Herzen und Sinne in Christus Jesus.

Das Haus des Lebens bauen. Predigt am 04.02.2008 im gemeinsamen Kirchenamt von EKD, VELKD und UEK über Psalm 127, Vers 1 (Tageslosung)

Liebe Kolleginnen und Kollegen, liebe Hausgemeinde,

ich lade Sie ein, heute eine kleine Gedankenreise zu unternehmen. Beginnen wird sie bei dem heutigen Losungstext, sie wird dann weit in die Vergangenheit ausgreifen und über ein bekanntes Spielzeug hin zum „Speer Gottes“ führen. Lassen Sie sich überraschen. Beginnen aber möchte ich mit der Frage: Sind Sie Hausbesitzer, haben Sie irgendwann mal ein Haus gebaut? Oder möchten Sie das gerne tun? Meine Familie und ich wohnen zur Miete. Ich weiß aber, dass viel Arbeit hat, wer sich ein Haus bauen möchte. Und ich weiß, dass es wunderschön ist, wenn so ein Bau gelingt. Viele Voraussetzungen müssen erfüllt sein, damit das Unternehmen zum Ziel kommt. Der heutige Losungstext aus Psalm 127 redet vom Hausbau: **„Wenn der Herr nicht das Haus baut, so arbeiten umsonst, die daran bauen.“** Der Dichter des Psalms meinte diesen Vers sicherlich ganz wörtlich. Denn er war vermutlich Augenzeuge des Wiederaufbaus der Stadt Jerusalem und des Tempels dieser Stadt nach der großen Katastrophe des Exils vor etwa 2.500 Jahren. Damals lag fast alles in Schutt und Asche. Wer in dieser Situation aufbauen wollte, der brauchte natürlich ein Fundament, solide Bausteine, einen guten Bauplan und fähige Architekten. Und er brauchte schöpferischen Geist, damit sein Bau gelingen konnte. Der Psalmist wusste aber vor allem, dass nichts gelingt, worauf nicht Gottes Segen liegt. „An Gottes Segen ist alles gelegen“ lautet deshalb sachlich zutreffend die (nachträgliche) Überschrift, die in der Lutherbibel über diesem Psalm steht. Damit bekommt der Psalm aber einen weiteren, einen bildhaften, einen symbolischen Sinn. Er bedeutet dann: Wo Gott nicht seinen Geist gibt, da gelingt uns Menschen gar nichts von dem, was wir anpacken. Wo Gottes Segen nicht ist, hat nichts Bestand und bricht letztlich alles zusammen.

Ich habe am Anfang gesagt, ich hätte nie ein Haus gebaut. Nun muss ich mich korrigieren. Ich habe nämlich doch ein paar Erfahrungen mit dem Bauen von Häusern. Inwiefern? Ganz einfach, ich bin von Kindheit an mit **Legosteinen** aufgewachsen. Sie auch? Gehören Sie auch zur **„Generation Lego“**? Ich nehme an, hier sitzen einige aus dieser Generation. Gerade in diesen Tagen sind die Legosteine 50 Jahre alt geworden und wurden zu diesem Anlass sogar von der Suchmaschine Google gewürdigt. Lego: die etwas andere, etwas feinere und kleinere Art, sich Häuser zu bauen. Happy Birthday, dear Lego! Du warst gut zu meinem Ego. Dank Dir ist alles Logo. Allerdings habe ich nicht nur Häuser, sondern alles Mögliche mit meinen Legos gebaut, zum Beispiel Labyrinthe, Roboter und Münzspielautomaten, alles ohne Anleitung und nach freier Phantasie. Es waren kreative, es waren herrliche Zeiten damals, im Zenit der Kindheit. Mit Legos zu spielen, das war für mich traumhaft schön. Nicht nur für mich: Lego gilt heute als das bekannteste Spielzeug der Welt. Seit 1958 sind viele Milliarden Steine gegossen worden. Jeder Erdenbürger besitzt im Durchschnitt 64 Steine, und wenn man alle während eines Jahres verkauften Steine zusammensetzen würde, könnte man damit den Erdball fünfmal umrunden.

Von Lego lernt man, und das ist wichtig, die Regeln des Hausbaus überhaupt: Um ein Haus bauen zu können, braucht man Land, ein Grundstück, einen Spielraum. Man braucht sodann ein solides Fundament, eine stabile Platte; die waren zu meiner Zeit fast immer grün oder grau. Ferner braucht es geeignete Spielsteine, möglichst in unterschiedlicher Form und Farbe: für die Kleinen eher Duplo, für die Großen rote und weiße Achter, dazu Fenstersteine, Türen, Gelenksteine, Räder und Zahnräder – je nachdem, was gerade anfiel und zu bauen war. Heute wird ja viel nach Vorgaben gebaut, damals waren immer phantasievolle Pläne nötig, kreative Ideen, die wir jungen Architekten dann operativ geschickt umsetzen mussten. Das Ergebnis langjähriger Erfahrungen: **Ohne Inspiration geht dabei nichts**. Im Wort „Inspiration" steckt ja das lateinische Wort „spiritus" („Geist"). Geistlos kann man nicht bauen. Häuser, die ohne ein Fundament errichtet werden, den Gesetzen der Statik nicht entsprechen und die nicht vernünftig geplant wurden, können keinen Bestand haben. Das gilt für Lego-Gebilde ebenso wie für Reihenhäuschen im Grünen oder für Hochhäuser inmitten der Stadt. Und es gilt, wenn denn unser Gott mit dem Geist der Wahrheit und der Vernunft dieser Welt identisch ist, in jeder nur denkbaren Hinsicht: **„Wenn der Herr nicht das Haus baut, so arbeiten umsonst, die daran bauen."**

Es galt auch für die Bauten, die das Volk Israel errichtete, und es gilt für die Geschichte der christlichen Kirche in einem umfassenden, symbolischen Sinn. Paulus, einer der frühen Architekten der Kirche, schreibt im 1. Korintherbrief, aus dem der heutige Lehrtext stammt: *„Denn wir sind Gottes Mitarbeiter; Gottes Ackerfeld, Gottes*

Bau seid ihr. [10]Nach der Gnade Gottes, die mir gegeben ist, habe ich als ein weiser Baumeister den Grund gelegt; ein anderer aber baut darauf; ein jeder aber sehe zu, wie er darauf baut. [11]Denn einen anderen Grund kann niemand legen, außer dem, der gelegt ist, welcher ist Jesus Christus."

Wenn Paulus vom Aufbau der Gemeinde spricht, so ist für ihn völlig klar: Ohne Gott kann dieser Bau nicht gelingen. Und er weiß: Jesus Christus ist das Fundament, auf dem die Gemeinde oder Kirche beruht. Dabei geht es nicht mehr wie beim Tempel oder bei der Jerusalemer Stadtmauer um Häuser aus Steinen, sondern um Häuser, die aus Menschen bestehen, aus lebendigen Steinen. So ein Haus ist die Kirche. Aus der Geschichte ihres Wachstums will ich noch ein kleines Beispiel erzählen:

Gestern (am 3. Februar) hatte der Mönch und Missionar sowie spätere Bischof von Hamburg und Bremen, **Ansgar von Corvey** (ein Ort in Westfalen) seinen Namenstag. Man nannte ihn den Apostel des Nordens. Ansgar hat zu seiner Zeit – im 9. Jahrhundert, kurz nach Karl dem Großen – die christliche Kirche im Norden Deutschlands aufgebaut. Ansgar missionierte unter lebensgefährlichen Umständen, umgeben von Wikingern und Berserkern. Sein Name „Ansgar" bedeutet übrigens übersetzt: **„der Speer Gottes"**. Das klingt ganz schön kämpferisch und kriegerisch, nicht wahr? Aber so waren eben die Zeiten! Ansgar starb zwar keinen Märtyrertod wie Bonifatius und andere Missionare, aber seine Stützpunkte in Hamburg, in Bremen und im heutigen Dänemark waren klein, gefährdet und jederzeit vom Verschwinden bedroht. Mission inmitten der Wikinger, die damals im Norden Europas lebten, war ein schwieriges Geschäft. Weitaus schwieriger, als Legosteine sinnvoll miteinander zu verbinden oder sogar die Propstei Stargarder Land mit Leben zu erfüllen. Aus heutiger Sicht staune ich, dass es überhaupt Erfolge gab unter so schwierigen Bedingungen. Wie machte man damals Mission – ganz praktisch? Da gab es ein klares Missionsfeld, eben den Norden Deutschlands und Teile von Dänemark. (Ob Ansgar auch in Billund[62] missioniert hat, bleibt sein Geheimnis, ist aber gut möglich.) Sodann gab es ein stabiles Fundament, nämlich Jesus Christus. Ebenfalls gab es Bausteine unterschiedlichster Art, Form und Farbe: Ansgar errichtete mehrere kleine Holzkirchen, um Gottesdienste zu feiern. Er baute Schulen und Klöster, in denen christliche Eliten gebildet wurden. Er schuf diakonische Einrichtungen, etwa Krankenhäuser, um Bedürftige versorgen zu können. Einen guten Bauplan hatte Ansgar auch, nämlich

62 In Billund (Dänemark) findet sich das Ur-Legoland.

die Mönchsregeln des Heiligen Benedikt, zu dessen Orden er gehörte. **„Ora et labora"** – „bete und arbeite!", das ist bekanntlich die wichtigste Regel der Benediktiner. Vielleicht könnte das auch eine gute Regel für unser Wirken und Zusammenwachsen hier im gemeinsamen Kirchenamt von EKD, VELKD und UEK sein. Schließlich und vor allem aber brauchte es Gottes Segen. Den legte dieser schon bald auf Ansgars bescheidene Anfänge. Als der Apostel des Nordens im Jahr 865 nach langer Krankheit starb, steckte sein Werk aber noch so sehr in den Anfängen, dass er sich selbst wohl wie ein Gescheiterter vorkommen musste. Die Erfolge sollten kommen, aber sie waren die Frucht von Jahrzehnten des Aufbaus. Wenn der Herr das Haus baut, so arbeiten erfolgreich, die daran bauen. Anders gesagt: An Gottes Segen ist alles gelegen. Oder noch anders: *Wo Gottes Geist wirkt, da wird aus rauen Wikingergefilden ein wunderschönes christliches Legoland. Und aus biestigen Berserkern werden lebendige Bausteine des Glaubens, der Liebe und der Hoffnung.*

Zum guten Schluss: Es wird Sie nach allem, was ich gesagt habe, kaum überraschen, dass ich als Vater zweier Söhne jede Gelegenheit nutzte, um mit den beiden „Lego" zu spielen. Da lebte die eigene Kindheit noch einmal auf. Deshalb habe ich auch großzügig immer wieder für Lego-Nachschub im Kinderzimmer gesorgt. Inzwischen ist dieses Spielzeug aber sogar bei unserem Jüngsten „out". Er wird nämlich 13, geht in den Konfirmandenunterricht und denkt dort über erbauliche Bibelworte nach wie: „Wenn der Herr nicht das Haus baut, so arbeiten umsonst, die daran bauen." Sein Name ist übrigens – ja, wenn Sie es nicht schon wussten, so ahnen Sie es spätestens jetzt: Ansgar. Es gibt übrigens noch viel zu tun im Haus unserer Kirche. Bauen Sie mit!

Amen. Und der Friede Gottes, der höher ist als alle menschliche Vernunft, bewahre unsere Herzen und Sinne in Christus Jesus, unserm Herrn.

Vom selben Stern sein – drei und eins zugleich, Predigt zum Sonntag Trinitatis, gehalten am 18.05.2008 in der Auferstehungskirche in Hannover-Döhren über 2. Korinther 13, V.11+13

Anmerkung: Zur Hinführung auf die Predigt wird auf Großbildleinwand der Videoclip „Vom selben Stern" der deutschen Popgruppe „Ich und Ich" gezeigt. Der Text des Liedes lautet:

"Steh auf, zieh dich an
Jetzt sind andre Geister dran
Ich nehm' den Schmerz von dir, ich nehm' den Schmerz von dir
Fenster auf, Musik ganz laut
Das letzte Eis ist aufgetaut
Ich nehm' den Schmerz von dir, ich nehm' den Schmerz von dir

Wir alle sind aus Sternenstaub
In unseren Augen warmer Glanz
Wir sind noch immer nicht zerbrochen, wir sind ganz
Du bist vom selben Stern
Ich kann deinen Herzschlag hör'n
Du bist vom selben Stern
Wie ich (wie ich - wie ich)
Weil dich die gleiche Stimme lenkt
Und du am gleichen Faden hängst
Weil du das Selbe denkst
Wie ich (wie ich - wie ich)

Tanz durch dein Zimmer, heb mal ab
Tanz durch die Strassen
Tanz durch die Stadt
Ich nehm' den Schmerz von dir, ich nehm' den Schmerz von dir
Lass uns zusammen uns're Bahnen zieh'n
Wir fliegen heute noch über Berlin
Ich nehm' den Schmerz von dir, ich nehm' den Schmerz von dir

Wir alle sind aus Sternenstaub
In unseren Augen warmer Glanz
Wir sind noch immer nicht zerbrochen, wir sind ganz
Du bist vom selben Stern
Ich kann deinen Herzschlag hör'n
Du bist vom selben Stern
Wie ich (wie ich - wie ich)

Weil dich die gleiche Stimme lenkt
Und du am gleichen Faden hängst
Weil du das Selbe denkst
Wie ich (wie ich - wie ich)

Ich nehm' den Schmerz von dir, ich nehm' den Schmerz von dir

Du bist vom selben Stern
Ich kann deinen Herzschlag hör'n
Du bist vom selben Stern
Wie ich (wie ich - wie ich)
Weil dich die gleiche Stimme lenkt
Und du am gleichen Faden hängst
Weil du das Selbe denkst
Wie ich (wie ich - wie ich - wie ich) ..."

Die Gnade Jesu Christi und die Liebe Gottes und die Gemeinschaft des Heiligen Geistes sei mit uns allen. AMEN

Der Predigttext zum Sonntag Trinitatis steht in 2. Kor. 13, Verse 11+13:

„[11]Zuletzt, liebe Brüder, freut euch, lasst euch zurecht bringen, lasst euch mahnen, habt einerlei Sinn, haltet Frieden! So wird der Gott der Liebe und des Friedens mit euch sein. [...][13]Die Gnade unseres HERRN Jesus Christus und die Liebe Gottes und die Gemeinschaft des heiligen Geistes sei mit euch allen! Amen." (Lutherbibel)

„Im Übrigen, Brüder und Schwestern, freut euch! Nehmt meine Wort zu Herzen und lasst euch wieder auf den rechten Weg bringen! Seid einer Meinung und lebt in Frieden miteinander. Dann wird Gott, der uns seine Liebe und seinen Frieden schenkt, bei euch sein. [...][13]Die Gnade unseres Herrn Jesus Christus und die Liebe Gottes und die Gemeinschaft stiftende Kraft des Heiligen Geistes sei mit euch allen! Amen" (Gute Nachricht Bibel)

Liebe Gemeinde,
Ein starkes Video und ein schöner Popsong der Gruppe „Ich und Ich". Haben Sie die Prominenten erkannt, die da zu sehen waren? Vom Rockstar Udo Lindenberg über die Schauspielerin Jasmin Weber aus „Gute Zeiten, schlechte Zeiten", vom Fußballnationalspieler Fredi Bobic bis zur grünen Bundestagspräsidentin Antje Vollmer sind viele versammelt, die Rang und Namen haben. Wunderschön, wer da so alles auf-

taucht und das Gesicht und die Gestalt des Sängers in diesem Lied ersetzt. Alle sind sie scheinbar dieselbe Person, und doch sind sie jeweils völlig verschieden. Alle singen sie das gleiche Lied und sind so „vom selben Stern“. Die Gesichter wechseln, aber die Botschaft bleibt gleich und scheinbar auch der, der das Lied singt ...

Was hat das aber mit dem heutigen Sonntag und unserem Predigttext zu tun? Nun, der heutige Sonntag ist der Festtag der Trinität oder der Dreieinigkeit Gottes. Unter der Lehre von der Dreieinigkeit ist keine absurde Mathematik zu verstehen, die etwa die problematische Formel vertreten würde: Eins ist gleich Drei und Drei ist gleich Eins. Gemeint ist vielmehr dies: *Der eine und selbe Gott zeigt sich uns Menschen auf unterschiedliche Weise.* Genauer: Der eine und selbe Gott zeigt sich als Vater, als Sohn und als Heiliger Geist. Er hat sozusagen verschiedene Gesichter, er wechselt sein Antlitz für uns. Wie im Videoclip zeigt Gott uns verschiedene Gesichter, aber er bleibt dabei derselbe. „Gesicht“, „Antlitz“ oder auch „Maske“ heißen in der griechischen Sprache *„Prosopon“.* Dieses Wort wird im Deutschen oft mit „Person“ übersetzt. Und dadurch entstehen Verstehensprobleme: Ein Gott, aber drei Personen – das wirkt unsinnig und führt Juden, Muslime, aber auch Atheisten immer wieder dazu, den Christen zu sagen: „Ihr glaubt ja gar nicht an einen Gott, sondern in Wahrheit an drei Götter.“ Und in einem haben die Kritiker ja Recht: Wenn es den Christen nicht gelingt, ihren Glauben vernünftig und verstehbar zu machen, dann haben sie verloren. Denn ein Glaube ohne Vernunft wäre kein Christentum, sondern bloßer Aberglaube. Ich will nun nicht hier und heute das Rätsel der Dreieinigkeit lösen, das würde zu weit führen. Und der Predigttext fordert dies auch gar nicht von uns. Aber das Video von „Ich und Ich“ bietet eine Art Modell, eine Veranschaulichungsmöglichkeit, wie man sich die Dreieinigkeit vernünftig vorstellen kann: Da tritt jemand auf, zeigt sich aber in verschiedenen Masken bzw. wechselt seine Gesichter. Der selbe Gott in unterschiedlichen Rollen. Man könnte dazu sagen: „Ich und Ich und nochmals Ich“. Gott zeigt sein Ich im Schöpfer der Welt, in dem Menschen Jesus, der die Liebe lebt, und er kommt uns nahe als der Heilige Geist. Gott zeigt sich freilich nicht in einer Million Gestalten, das wäre verwirrend. Er zeigt sich vielmehr vor allem in den drei genannten Hinsichten. Und die Aufgabe einer christlichen Trinitätslehre muss dann auch darin bestehen, diese Beschränkung zu vertreten und einsichtig zu machen, warum Gott sich nicht in gleicher Weise in Moses, Maria oder Mohammed zeigt.

Was haben das Video und die Dreieinigkeit Gottes nun aber mit unserem Predigttext zu tun? Schauen wir ihn uns genauer an. Der Predigttext und mit ihm der Brief des Apostels Paulus an die kleine Gemeinde in der griechischen Stadt Korinth enden mit dem Satz: „Die Gnade unseres HERRN Jesus Christus und die Liebe Gottes und die Gemeinschaft des heiligen Geistes sei mit euch allen!". Dieser Abspann des Briefes wird in vielen Gottesdiensten – auch in diesem – den Predigten vorangestellt. Man merkt sofort: In dieser Formel steckt der Ansatz (nicht mehr und nicht weniger!) für die Dreieinigkeitslehre. Allerdings kommt Jesus zuerst vor, danach der Vater und schließlich der Geist. Und vorher sagt Paulus noch etwas anderes: „Liebe Geschwister (so sage ich jetzt mal statt: liebe Brüder), freut euch, lasst euch zurecht bringen, lasst euch mahnen, habt einerlei Sinn, haltet Frieden! So wird der Gott der Liebe und des Friedens mit euch sein." Der Kern dieser Sätze steht in der Mitte: „Habt einerlei Sinn, haltet Frieden!" Paulus will in seiner Gemeinde Frieden stiften, er will versöhnen. Warum ist das nötig?

In der Gemeinde in Korinth — die sicher sehr viel kleiner als unsere Auferstehungsgemeinde in Hannover-Döhren war — gab es Gruppen oder Parteien, die sich heftig stritten. Worum ging es dabei? Leider kennen wir nur die Sicht des Paulus. Wenn er aber nicht alles völlig falsch dargestellt hat, dann nahmen seine Gegner offenbar Anstoß an den Leiden des Apostels: an seiner Krankheit, von der wir nicht genau wissen, worin sie bestand; an der erkennbaren Schwäche seines Körpers; an den Qualen, Verfolgungen und Erniedrigungen, die der Apostel erlitten hatte. Paulus verkörperte das Leiden Christi wie kaum ein anderer Missionar; genau darin aber lag auch seine Chance. Denn er war Jesus in gewisser Weise ähnlich. Die Gegner des Paulus meinten aber, Christen müssten Siegertypen sein. Paulus nannte sie spöttisch die *„Überapostel"*. Sie waren, wenn man das auf die heutige Zeit übertragen will, gesunde, erfolgreiche, dynamische Glaubensmanager, sozusagen christliche „Yuppies". Die „Supermänner des Glaubens" persönlich: Spiderman, Ironman und der gewaltige Hulk gegen den kränklichen und vom Leid gezeichneten Paulus. Wer wird sich dabei durchsetzen? Wo liegt die Wahrheit in diesem Streit? Und wie konnte sich Paulus, der schon lange nicht mehr in Korinth weilte, gegen seine Gegner überhaupt wehren?

Nun, ganz einfach: Paulus wehrte sich mit dem Internet des Jahres 57 nach Christus. Er schickte den Korinthern eine Reihe von SMS-Kurzmitteilungen oder sogar ausführliche E-mails. Die Mails des Apostels wurden von den Empfängern in zwei großen Dateien zusammengefasst und gespeichert, die die Namen erhielten: „Erster Korintherbrief" und „Zweiter Korintherbrief". Unser heutiger Predigttext bildet den Abschluss des Zweiten Korintherbriefes und stand ursprünglich am Ende einer Mail, deren Betreffzeile „Tränen und Trost" lautete. Oder vielmehr: gelautet haben könnte, denn das Internet gab es damals ja noch nicht, sondern eben doch nur: Briefe. Und es gab zwar noch keine Videos und kein Youtube, aber Worte und Texte, die selbst voller Bilder waren. So bildhaft wie das Video von „Ich und Ich". Welche Bilder zeigte Paulus damals? Und welche Argumente konnte er den Supermännern entgegen setzen? Das wichtigste Bild des Paulus war das Kreuz, das zentrale christliche Symbol. Es zeigt: Gott ist mitten im schrecklichsten Leiden anwesend. Er begleitet Jesus bei seinem Sterben am Kreuz. Gott meidet das Kreuz nicht; das Leiden ist ihm nicht fremd. Und durch das Kreuz ereignet sich Versöhnung und die Vergebung von Schuld: „Vater, vergib ihnen, denn sie wissen nicht, was sie tun!" betet Jesus am Kreuz. Sein Vater, der die Liebe selbst ist, erfüllt seinem Sohn diese Bitte. Dann ist aber gewiss: Auch am Kreuz, auch durch das Kreuz siegt die Liebe. Das wichtigste Bild, das Paulus verwendet, ist somit das Kreuz. Und sein stärkstes Argument in der Auseinandersetzung mit den Supermännern des Glaubens lautet: Die Lebenserfahrung selbst zeigt, dass Christen gerade in ihrer Schwäche stark sind. Denn wo sie leiden, da gewinnen sie, zum Beispiel an Glaubwürdigkeit. Und wo alles im Wanken ist, da wirkt dennoch Gottes Gnade. Paulus erzählt davon, wie er einmal zu Gott betete. Er war von seiner Krankheit gezeichnet, litt an seiner Schwäche und hoffte auf Heilung und Stärke. „Gott, hilf mir! Gib mir bitte Kraft!" betete der Apostel. Gottes Antwort war: „Ich schenke Dir meine Gnade. Das wird Dich stark machen." Hier die ausführlichere Version: „Lass dir an meiner Gnade genügen; denn meine Kraft ist in den Schwachen mächtig." Was ist mit „Gnade" gemeint? Die Eröffnung neuer Lebensmöglichkeiten trotz eigener Schuld und Schwäche. Neues Leben wird möglich – obwohl wir es nicht verdient haben. Das ist Gnade.

Ich erinnere noch einmal an die Betreffzeile der beiden Korinther-E-mails. In ihr stand ja: „Tränen und Trost." Oder wiederum ausführlicher: „Tränen und Trost, Streit und Ärger, Versöhnung und Frieden". Paulus wünschte seiner Korinther Gemeinde vor allem Frieden und Versöhnung. Das können wir auch gut gebrauchen, ob in der Döhrener Auferstehungsgemeinde, in der Hannoverschen Landeskirche, in der EKD oder wo auch immer. Denn Starke und Schwache gibt es überall, Gesunde und

Kranke ebenfalls, ebenso Kleine und Große, Arme und Reiche, Juden und Griechen, Deutsche und Ausländer, Frauen und Männer, kurz gesagt: Vielfalt und Verschiedenheit. Und überall gibt es auch Streit und Auseinandersetzungen. Besonders heftig meistens da, wo es um Finanzfragen geht oder sich jemand in seiner Ehre gekränkt fühlt. Und immer will sich offenbar irgendwer durchsetzen, oft auf Kosten der anderen. Deshalb braucht es Frieden und Versöhnung. Paulus, der von der Liebe Gottes her denkt, sagt daher zu denen, die sich in Korinth streiten: „Ihr seid alle eins; Ihr gehört zusammen. Ihr seid vom selben Stern!". Paulus sagt weiter: „Haltet Frieden!" Im Griechischen steht da *„Eireneute!"*, das ist das Tätigkeitswort zum Friedensbegriff *„eirene"*. Die Lutherbibel übersetzt das mit „Haltet Frieden!". Diese Übersetzung passt aber nicht so ganz, weil ja gerade wegen der Supermänner kein Frieden herrscht. Vielleicht sollte man besser sagen: „Schafft (endlich) Frieden!" oder noch einfacher und klarer „Vertragt Euch!".

Wenn Paulus in der Gegenwart leben würde, so würde er uns vielleicht das Video *„Vom selben Stern"* zeigen, um seine Botschaft in doppelter Weise zu vermitteln. Erstens kann er damit veranschaulichen, wie Gott selbst sich auf unterschiedliche Weise und in unterschiedlichen Gesichtern zeigen kann. Dass es also nicht unvernünftig, sondern sachgemäß ist, von Gott in drei wichtigen Hinsichten zu sprechen, von dem einen Gott in dreierlei Gestalt. Und zweitens kann er durch das Video deutlich machen, dass alle Christenmenschen „vom selben Stern" sind. Sie sind alle „aus Sternenstaub", also Geschöpfe Gottes. Sie alle können Schmerz empfinden und wünschen sich, dass jemand sie vom Leiden befreit: „Ich nehm' den Schmerz von Dir!" Und alle Christen sind durch den Geist Gottes miteinander verbunden — sie sind trotz aller Unterschiede doch „vom selben Stern" Oder aber: ein Leib, aber verschiedene Glieder, wie Paulus an einer anderen Stelle sagt. „Du bist vom selben Stern, ich kann deinen Herzschlag hörn, Du bist vom selben Stern, wie ich (wie ich – wie ich – wie ich) weil Dich die gleiche Stimme lenkt und du am gleichen Faden hängst, weil du das Selbe denkst, wie ich (wie ich – wie ich) ...".

Ist der Versöhnungsversuch des Paulus gelungen? Ich weiß es nicht, keiner von uns weiß es sicher, denn keiner war dabei. Aber eines spricht dafür, nämlich die überlieferten Briefe des Apostels selbst. Wäre seine Mission gescheitert, hätte man wahrscheinlich seine antiken E-Mails gelöscht und sie nicht in großen Dateien auf der biblischen Festplatte gespeichert. So kann Paulus aber am Ende seiner Korrespondenz mit den Korinthern sagen: Mögen bei Euch Liebe und Frieden herrschen und möget Ihr eines Sinnes sein. Ihr gehört zusammen, weil Ihr zu Christus gehört. Paulus hat den Korinthern wohl tatsächlich ihren Schmerz genommen. Er hat ihnen klar gemacht, dass es die gleiche Stimme ist, die sie lenkt, dass sie alle am gleichen Faden hängen, ja, dass sie vom selben Stern sind.

Die Einheit und Verschiedenheit Gottes als Vater, Sohn und Heiliger Geist ist der Grund dafür, dass alle Christenmenschen trotz der bestehenden Unterschiede eines sein können, ob in Jerusalem oder in Korinth oder in Hannover, ob damals oder heute oder in der Zukunft. Wenn wir in seinem Geist handeln, dann wird die Gnade unseres Herrn Jesus Christus und die Liebe Gottes und die Gemeinschaft des Heiligen Geistes allezeit mit uns sein. Dann wird neues Leben möglich sein, auch wenn wir es nicht verdient haben. Darauf dürfen wir hoffen, bauen und vertrauen.

Amen.
Und der Friede Gottes, der höher ist als alle Vernunft, bewahre unsere Herzen und Sinne in Christus Jesus.

Erstveröffentlichungsnachweise

1. Barmen: Präludium einer Theologie der Freiheit: Zur bleibenden Aktualität der Barmer Theologischen Erklärung. In: Hessisches Pfarrblatt 4 (2009), 128-135.
2. Gewalt oder Gewaltverzicht? Perspektiven christlicher Friedensethik nach dem 11. September 2001. In: Deutsches Pfarrerblatt 9 (2002), 450-453.
3. Mut machen und Sehnsucht wecken: Friedensethik in der ökumenischen Diskussion. In: Ökumene und Auslandsarbeit: Berichte und Informationen 2010, herausgegeben vom Kirchenamt der EKD, Hannover 2010, 4-8.
4. "Wenn Menschen sterben wollen": Ethische Probleme im Umgang mit Suizid und Sterbehilfe, in: Deutsches Pfarrerblatt 1 (2010), 4-8.
5. "Du bist für deine Rose verantwortlich!": Was die EKD zu den Themen Liebe, Ehe, Partnerschaft sagt. In: zur sache.bw. Evangelische Kommentare zu Fragen der Zeit, 19 (2011), 17-19.
6. Die Frucht der Gerechtigkeit säen: Gedanken zur Auslegung von Jakobus 3, 13-18. In: Bittgottesdienst für den Frieden in der Welt 2010, herausgegeben vom Kirchenamt der EKD, Hannover 2010, 44-49.
7. Wie ein Baum an den Wasserbächen: Wohl dem, der nicht wandelt im Rat der Gottlosen. Gedanken zur Auslegung von Psalm 1. Gottesdiensthilfe zum Friedenssonntag Kantate: Ehre sei Gott und Friede auf Erden, herausgegeben vom Kirchenamt der EKD, Hannover 2011, 26-29.
8. Nach Canossa gehen – oder nicht ...: Predigt zur Andacht am 07.08.2006 im Kirchenamt der EKD über den Gang Kaiser Heinrichs IV. nach Canossa, bisher unveröffentlicht.
9. Das Haus des Lebens bauen. Predigt am 04.02.2008 im gemeinsamen Kirchenamt von EKD, VELKD und UEK über Psalm 127, Vers 1 (Tageslosung). Online veröffentlicht in: http://www.predigtpreis.de/autoren-predigtpreis+M5db068cd57d.html.
10. Vom selben Stern sein – Drei und eins zugleich. Predigt zum Sonntag Trinitatis, gehalten am 18.05.2008 in der Auferstehungskirche in Hannover-Döhren über 2. Korinther 13, V.11+13. Online veröffentlicht in: http://www.predigtpreis.de/autoren-predigtpreis+M5db068cd57d.html.

Abkürzungsverzeichnis

BTE	Barmer Theologische Erklärung (1934)
CA	Confessio Augustana (Augsburger Bekenntnis von 1530)
DC	"Deutsche Christen"
EG	Evangelisches Gesangbuch
EKD	Evangelische Kirche in Deutschland
EKHN	Evangelische Kirche in Hessen und Nassau
HAZ	Hannoversche Allgemeine Zeitung
KO	Kirchenordnung
LGA	Leitendes Geistliches Amt (ehemaliges Leitungsorgan in der EKHN)
NS	Nationalsozialismus
ÖRK	Ökumenischer Rat der Kirchen
StGB	Strafgesetzbuch
TRE	Theologische Realenzyklopädie
UEK	Union Evangelischer Kirchen
UN/UNO	Vereinte Nationen
VELKD	Vereinigte Evangelisch-Lutherische Kirche Deutschlands
WA	Weimarer Ausgabe der Werke Martin Luthers

Printed by Books on Demand GmbH, Norderstedt / Germany